Witzeparade

Ein Mann sitzt in der Bar und genehmigt sich einen Drink nach seinem Arbeitstag, als eine wunderschöne und sexy junge Frau hereinkommt. Sie sieht so faszinierend aus, dass der Mann sie nicht aus den Augen lässt und sie mit seinen Blicken verschlingt. Die Frau bemerkt die Blicke und geht direkt zu dem Mann. Noch bevor er sich für sein Benehmen entschuldigen kann, sagt die Frau: "Ich tue alles, absolut alles, was du von mir verlangst, ganz egal was, für 200 Euro und einer Bedingung." Überrascht fragt der Mann, welche Bedingung das sei. Die Frau sagt: "Du musst das, was du von mir wünschst, in nur drei Worten sagen."
Der Mann überlegt für einen Moment, holt seine Brieftasche heraus, blättert langsam vier 50 Euro Scheine auf den Tisch und gibt sie der Frau. Dann schaut er tief in ihre Augen und sagt mit einer langsamen Stimme: "Streich mein Haus..."

Ein Professor und ein Student stehen zufällig nebeneinander auf der Toilette. Sagt der Student: "Es ist aber schön, dass wir hier mal nicht als Professor und Student, sondern als zwei Männer stehen." Antwortet der Professor: "Ja, aber wie ich sehe, haben sie auch diesmal wieder den Kürzeren gezogen."

Zwei Ostfriesen treffen sich. Der eine kommt mit dem Fahrrad, der andere mit einem Porsche. Der Fahrradfahrer fragt den Porschefahrer: "Woher hast Du denn dieses tolle Gefährt?"
Antwortet der andere: "Mir ist da gestern ein dolles Ding passiert. Ich stehe an der Straße, mache auf Anhalter. Hält doch glatt ein Porsche mit einer wunderschönen, schlanken Blondine drinnen an und nimmt mich mit. Sie fährt mit mir in einen abgelegenen Waldweg, zieht sich den Slip unter dem Rock aus und sagt: "Du kannst jetzt alles von mir haben, was Du willst! "Ich habe mich daraufhin für den Porsche entschieden." "Das hast Du ganz richtig gemacht", sagt der Fahrradfahrer. "Schließlich konntest Du ja nicht wissen, ob Dir der Slip gepasst hätte."

Herstellung und Verlag: BoD - Books on Demand, Norderstedt   ISBN 978-3-7347-9920-4

Ein Ehepaar unterhält sich nach langer Ehe. Er: "Sag, Liebes, in der Zeit, die wir zusammen sind, hast du mich jemals betrogen?" Sie: "Musst du mich in so einem schönen Moment derartiges fragen?" Er: "Ja, ich will es unbedingt wissen. Hast du?" Sie: "Wenn es unbedingt sein muss: ja, ich habe. Ich habe dich dreimal betrogen." Er: "Wie konnte es nur dazu gekommen?"
Sie: "Nun ja, du erinnerst dich bestimmt an damals, als wir unbedingt diesen Kredit aufnehmen mussten, um unser Haus behalten zu können. Keine Bank wollte ihn dir damals geben. Da kam doch plötzlich der Direktor persönlich zu uns nach Hause und hatte unterschrieben, ohne eine Frage zu stellen. Das war das erste Mal, dass ich dich betrogen habe."
Er schluckt: "Oh Schatz, dann hast du es also für uns getan? Wie sehr musst du mich lieben! Und das zweite Mal, wann war das?"
Sie: "Du hattest diesen Herzanfall und warst schwer krank. Die Operation war so teuer und keiner wollte sie bezahlen. Bis dieser Chirurg kam und sie umsonst für dich getätigt hat. Das war das zweite Mal." Er: "Dann hast du es also wieder nur für mich getan? Wie Groß muss deine Liebe für mich sein, dass du bereit bist, so etwas zu tun." Sie: "Und das dritte Mal - Na ja, du wolltest doch damals Präsident des Golfclubs werden - aber es fehlten dir noch 21 Stimmen!"

Fritzchen spielt mit der Eisenbahn. "Bitte einsteigen! Die Kinder in die Mitte, die Männer nach hinten und die Schlampen nach vorne!" ruft er laut.
Als das die Mutter in der Küche hört schimpft sie: "Eine Stunde Spielverbot!"
Eine Stunde später spielt Fritzchen wieder mit der Eisenbahn und sagt: "Die Kinder in die Mitte, die Männer nach hinten und die Frauen nach vorne!" - "Na also!" sagt die Mama, "Es geht doch!" Darauf Fritzchen "... und wegen der Schlampe in der Küche haben wir jetzt eine ganze Stunde Verspätung!"

Eine Blondine macht Urlaub in Österreich. Sie sitzt in einem kleinen Kaffeehaus und ist ganz in die Frankfurter Allgemeine Zeitung vertieft. Da setzt sich ein Österreicher neben sie und spricht sie an: "Du, die Frankfurter les I net. Lesen tu I di Kronenzeitung. Mit der Frankfurter wisch I mir den Arsch ab."

Fressen zwei Kannibalen einen Clown, da meint der eine: "Der schmeckt aber sehr komisch!"

Die Wahrsagerin erklärt ihrer Kundin: "Mein Kaffeesatz verheißt nichts Gutes für Sie. Ihr Mann wird umgebracht."
Fragt die Frau neugierig: "Oh, und was sagt der Kaffeesatz noch? Werde ich freigesprochen?"

Ehemann beim Rechtsanwalt: "Ich möchte mich von meiner Frau scheiden lassen, weil wir uns seit unserer Heirat immer nur streiten." Rechtsanwalt: "Können Sie sich noch an den ersten Streit erinnern?" Ehemann: "Ja ganz genau, gleich bei der Hochzeit ging es los, meine Frau wollte unbedingt mit auf das Hochzeitsfoto!!"

"Mami, schau mal, der Mann da isst die Suppe mit der Gabel!"
"Sei still!" "Mami, guck mal, jetzt trinkt er aus der Blumenvase!"
"Du sollst still sein!" "Aber Mami, jetzt isst er sogar die Serviette auf!" "Dann gib ihm doch endlich seine Brille zurück, damit endlich Ruhe ist!"

"Von wo hast Du denn das blaue Auge her?"
"Naja, das war folgendermaßen: Ich stand auf der Rolltreppe im Kaufhaus und vor mir war eine Frau. Bei der hatte sich der Rock in der Pofalte eingeklemmt. Da wollte ich höflich sein und hab ihn rausgezogen. Daraufhin hat sie sich umgedreht und mir eine geschmiert."
"Na gut, aber warum ist dann auch Dein anderes Auge blau?"
"Naja, ich wollte meinen Fehler wieder gutmachen und hab den Rock zurückgesteckt!"

Ein Schwarzer nimmt 'ne Anhalterin mit. Sie fahren so zwei Stunden dahin, bis sie ihm mitteilt, er könne jetzt rechts ranfahren und sie 'rauslassen, sie wäre jetzt am Ziel. Als sie beim Aussteigen ist, sagt er: "Also weißt Du, jetzt bist Du zwei Stunden mit mir mitgefahren, jetzt müsste doch so 'ne kleine Nummer drin sein, oder?" Nach kurzem Überlegen sagt sie: "Naja, Nummer ist nicht, Ihr Schwarzen habt doch so einen Langen, aber blasen werde' ich Dir einen..." Der Schwarze verdreht die Augen: " Blasen... blasen... blasen kann ich mir auch selbst einen!"

Ein Vertreter fährt durch den Bayerischen Wald. Auf einmal sieht er am

Straßenrand einen kleinen Jungen, der einen Hasen vögelt. Der Vertreter fährt entsetzt weiter. Ein paar Kilometer weiter sieht er einen alten Mann, der sich voller Lust einen runterholt. Der Vertreter ist total erschüttert, hält an der nächsten Tankstelle und erzählt dem Tankwart:
"Stellen sie sich vor, grad hab ich einen kleinen Bub gesehen, der 'nen Hasen gebumst hat!" Der Tankwart: "Hm naja.....Kinder-halt."
"Ja und ein paar Minuten weiter hab ich einen alten Opa gesehen, der wie wild gewichst hat! Wieso denn dieses?"
Darauf der Tankwart: "Na, in dem Alter erwischt man halt so leicht keinen Hasen mehr..."

"Die Scheidung war ja noch teurer als die Hochzeit damals", jammert der Klient. "Dafür haben Sie aber auch länger Freude daran", erwidert der Anwalt.

Pferde können ganz schön lustig sein. Manchmal veräppeln sie die ganze Straße.

Zwei Freundinnen über eine Dritte: Sie hat wirklich alles, was sich ein Mann wünscht: Bart und Muskeln.
Ein Mann ist auf Montage geht In den Puff und legt der Chefin 100 Euro auf den Tisch, sagt er möchte gern die hässlichste Frau, die sie hat. Da sagt die Chefin: "Für 100 Euro
bekommen sie auch die schönste. Darauf sagt der Mann: "Nee-sorry-ich-hab-Heimweh."

Mueller kommt von der Spätschicht nach Hause, ist unheimlich spitz auf seine Frau. Er schleicht ins Schlafzimmer, sieht seine Frau im Bett liegen, schmeißt seine Klamotten in die Ecke, kriecht unter die Decke ...Toll! Nach vollbrachter Tat braucht er dringend eine Zigarette und Lust auf ein Bier hat er auch. Er geht in die Küche und - dort sitzt seine Frau. "Ja, was machst Du denn hier? Warum bist Du nicht im Bett?" - "Ach so, da liegt Oma, der ging es nicht so gut!"

Ein junges Pärchen will so schnell wie möglich heiraten. Sie besteht aber

unbedingt auf einem AIDS-Test. Er geht zum Arzt und bittet um einen Soforttest. Der Arzt sagt ihm, dass es bis zum Ergebnis mindestens vier Wochen dauert.
"Ich möchte aber nächste Woche heiraten. Gibt es da nichts Schnelleres?"
"Doch, eine Möglichkeit gibt es, die aber nur zu 98% Klarheit verschafft."
"Welche denn?"
"Sie gehen auf eine Weide mit vielen Schafen und holen Ihren Freund raus. Wenn die Schafe herankommen und daran saugen, sind Sie nicht infiziert."
Wochen später trifft er den Arzt, der fragt ihn, wie es denn nun in der Ehe so geht.
"Wieso Ehe? Ich bin jetzt Schäfer."

Ein Mann macht Urlaub auf dem Bauernhof. Da sticht ihn eine Wespe in den Penis. Der Bauer rät ihm, seinen Penis in Milch zu baden. Gesagt, getan. Zufällig kommt die Bauerstochter vorbei und schaut interessiert. Meint er: "Hast du noch nie sowas gesehen?" - "Schon, aber nie, wie der wieder aufgetankt wird."

Ein Penner vögelt auf einem Friedhof eine Frau. Kommt ein anderer Penner vorbei und sagt: - "Ey, lasse mich auch mal!" Meint der Erste: "Grab Dir selber eine aus!"

Der Großvater ist gestorben. Die Enkelin fragt nun die Großmutter, aus welchem tragischen Grund der Opa gestorben sei.
Die Großmutter offenbart nun der Enkelin: - Tja, meine kleine, der Opa ist beim Sonntag-Morgen-Sex gestorben.
Die Enkelin völlig entsetzt: - Was, in euerm Alter habt ihr noch Sex?
Darauf die Oma: - Ja - ja. Sonntagmorgens war immer recht gut, immer im Rhythmus des Glockenschlages. Beim Ding rein und beim Dong wieder raus.
Die Enkelin kann es nicht glauben und fragt erneut nach.
Darauf wieder die Großmutter: - Ja - ja, wie schon gesagt, beim Ding rein und beim Dong wieder raus, und wenn dieser beschissene Eiswagen mit seinem blöden Gebimmel nicht gewesen wäre, dann wär der Opa noch am Leben.

Ein Mann macht Ferien auf dem Bauernhof. Eines Morgens sieht er zufällig, wie der Knecht auf den Hof kommt, der Bäuerin untern Rock langt, sich dann auf den Traktor setzt und davonfährt. Am nächsten Morgen liegt der Feriengast wieder auf der Lauer und - sieh da! - das gleiche Spielchen. So geht das jeden Morgen. Am Tag seiner Abreise beschließt der Mann, den Bauern über die Seitensprünge seiner Frau aufzuklären. "Bauer, deine Frau geht fremd!" - "Wie kommen Sie denn darauf?" - "Na - der Knecht langt ihr jeden Morgen untern Rock, bevor er mit dem Traktor auf´n Acker fährt!" - "Ach - wissen Sie" lacht der Bauer, "meine Frau hat ein Holzbein und an dem hängt der Traktorschlüssel."

Eine ältere Nonne kommt zum Frauenarzt: "Herr Doktor ich habe ein Problem, wenn ich meine Tage bekomme, dann kommt kein Blut, sondern Briefmarken!" Der Arzt ganz verwundert: "Gute Frau, das kann nicht sein! Sie wären ja ein Biologisches Phänomen! Das kann ich nicht glauben das muss ich sehen!" Gesagt, getan. Zwei Wochen später kommt die Nonne erneut zum Arzt. Dieser, schon sehr gespannt, meint:" "Machen sie sich frei und setzen sie sich bitte!" Der Arzt rollt mit seinem Stuhl heran, um die Sache näher zu betrachten und beginnt zu lachen. Die Nonne völlig irritiert: "Herr Doktor, was ist denn bitte?" Meint der Arzt: "Gute Frau, das sind keine Briefmarken! Das sind die Aufkleber von Chiquita-Bananen!"

Ein vornehmer, englischer Geschäftsmann, Nadelstreifenanzug, Melone, in die aufgeschlagene Times vertieft, steht an der Bus-Haltestelle. Ein Polizist klopft ihm auf die Schulter: "Entschuldigen Sie, werter Herr, aber Ihre Hose steht offen und Ihr Penis schaut heraus!" Der Gentleman faltet die Zeitung zusammen, schaut an sich herunter und sagt leicht überrascht: "Oh, sie ist schon gegangen!"

Ein Mann ist zur Untersuchung beim Arzt. Dieser meint anschließend: „Es geht mich zwar nichts an, aber sie haben den kleinsten Schniedelwutz, den ich je gesehen habe. Wie kommen Sie damit zurecht?" „Ach, ich habe keine Probleme. Bin verheiratet, habe 7 Kinder, ein erfülltes Liebesleben. Nur manchmal am Tage, da habe ich Probleme, ihn zu finden." „Und nachts?' „Nachts suchen wir immer zu zweit!"

Ihm wird im Sex - Club eine 'ältere' Dame zugewiesen.
Er: - „Das älteste Gewerbe der Welt - OK! Aber muss es denn unbedingt ein

Gründungsmitglied sein?"

Kommt eine Studentin zum Frauenarzt und der erklärt ihr, dass sie schwanger ist. "Wissen sie wer der Vater ist?" will er wissen.
Darauf meint die Studentin:" Wissen sie, das ist nicht so einfach. Bei einer Kreissäge wissen sie auch nicht welcher Zahn sie geschnitten hat!"

Im Schlafabteil eines Zuges: Ein junges Paar, intensiv miteinander beschäftigt auf dem oberen Bett, ein älterer Herr im unteren Bett. Minutenlanges hin- und her des Paares, wie das Baby Heißen soll. Schließlich Übereinkunft: Engelbert. RUMMS, Zug ist entgleist, Licht aus, alle aus den Betten gefallen. Sie:" 'Schatz, wo bist Du?" Er: „Hier unterm Fenster, und Du?" Sie: „An der Tür" Alter Herr: „...und euer Engelbert hängt mir anner Backe!"

"Ich habe schrecklich Zahnschmerzen." "Das kenne ich, letzte Woche hatte ich auch welche. Da habe ich mit meiner Frau geschlafen und schon waren sie weg." "Toll, meinst Du, Deine Frau hätte heute Zeit für mich?"

Eine Frau schleppt einen Mann ab. Sie landen im Bett. Sie betrunken, sagt zu ihm: "Komm, steck mir einen Finger rein." Er macht es. Sie: "Steck mir zwei rein." Er macht es. Sie: "Steck mir die ganze Hand rein." Er macht es. Sie: " Jetzt die andere Hand." Er macht es. Sie: "Und jetzt klatsch mal." Er: "Es geht nicht." Sie: "Gell, ich bin verdammt eng gebaut!"

Fritzchen kommt eines Tages nach Hause und hört komische Geräusche aus dem Schlafzimmer der Eltern. Er schaut durchs Schlüsselloch und sieht die Eltern beim Liebesspiel. Er ist geschockt. Am Nächsten Tag kommt Papa nach Hause und hört komische Geräusche aus Fritzchens Zimmer. Er macht die Tür auf und sieht Fritzchen auf der Oma. Entsetzt fragt er Fritzchen was er da mache. Sagt Fritzchen:" Wenn du meine Mutter fickst, fick ich deine!"

Eine Frau geht mit ihrem 5-jährigen Sohn zum Frauenarzt. Der sagt: "Sie müssen ihren Sohn aber draußen lassen, der kann hier nicht rein." - "Doch,

doch", sagt die Frau, "der ist schon aufgeklärt, der weiß alles." Der Frauenarzt willigt ein und will den Sohn erst mal testen. Er fasst der Frau an die Brüste und fragt den Jungen, was er wohl gerade gemacht hat. "Du hast meiner Mutter an die Brüste gefasst", ist die Antwort. Der Mann will es noch genauer wissen und leckt der Mutter an den Schamlippen. Der Junge sagt. "Jetzt macht Du gerade Fellatio mit meiner Mutter." Der Arzt ist verblüfft und nimmt nun die Mutter ordentlich durch. Als er fertig ist, fragt er den Jungen: "Was habe ich nun gemacht?" Antwort des Jungen: "Jetzt hast Du Dir Tripper geholt, deswegen sind wir nämlich hier!"

Ein junger Mann fährt mit seinem Fahrrad an einen See, lässt dort alle Hüllen fallen und badet nackt. Als er wieder heraus kommt, sind alle seine Klamotten geklaut worden. Zum Glücke hatte er noch ein Handtuch dabei, dieses bindet er sich notdürftig um die Hüften und radelt nach Hause. Unterwegs trifft er eine bildhübsche Anhalterin, sehr gut gebaut und mit einem echt knappen Minirock bekleidet. Die möchte gerne mitgenommen werden und er bietet ihr an, sich doch auf die Mittelstange zu setzen. Nach einer Weile sagt sie: 'Ich muss Ihnen was gestehen, ich habe unter dem Rock nichts an.' Darauf er „Ich muss auch gestehen, ich habe ein Damenfahrrad!"

Klaus und Susi haben Sexualkundeunterricht in der Schule. Auf dem Nach-Hause-Weg der beiden fragt Susie Klaus, ob er denn alles verstanden habe. Er antwortet natürlich Ja. 10 Minuten später kommt Klaus doch mit der Sprache raus, dass er etwas nicht verstanden habe. Er wüsste nicht, was mit "Penis" gemeint war. Susi war erleichtert und gibt zu, dass sie das auch nicht verstanden hat.
Als Klaus zu Hause angekommen ist fragt er seinen Vater, was das denn ist. Der geht natürlich sofort mit ihm ins Bad und zieht Klaus' Hose runter.
"DAS ist ein Penis, es ist sogar ein ganz ordentlicher Penis!"
Klaus war glücklich und als er am nächsten Tag Susi in der Schule trifft nimmt er sie mit hinter den Fahrradständer und zieht seine Hose runter.
"Siehst du, das ist ein Penis. Und wenn er jetzt noch 5 cm länger wäre, wäre es sogar ein ordentlicher Penis!"

Was sagt die Ehefrau eines Feuerwehrmannes beim Sex? "Mehr Schlauch!"
Eine geschiedene Frau, die vom Eheleben die Nase voll hatte, setzte eine

Annonce in die Lokalzeitung, die lautete: "Suche einen Mann, der mich nicht verprügelt, mich nicht mit Füßen trampelt und ein fantastischer Liebhaber ist." Nach einer Woche klingelt es. Sie geht zur Tür, öffnet und sieht niemanden draußen stehen. Sie schließt die Tür und will gehen, als es wieder klingelt. Wieder macht sie die Tür auf und kann niemand entdecken bis sie zufällig nach unten schaut und einen Mann ohne Arme und Beine entdeckt, der auf ihrer Türschwelle sitzt. "Ich bin auf Ihre Annonce hergekommen", sagt er. Die Frau weiß nicht recht, was sie sagen soll, was sie tun soll. Und so fährt der Mann fort: "Wie Sie sehen, kann ich Sie nicht verprügeln, und es wäre mir unmöglich, Sie mit Füßen zu trampeln." - "Ja, das sehe ich", sagt die Frau. "Aber es stand in der Annonce auch, dass ich einen fantastischen Liebhaber suche." Der Mann lächelt und sagt: "Schließlich hab ich die Klingel gedrückt, oder?"

Unterhalten sich 2 Arbeitskollegen: "Kennst Du die Rodeo-Nummer?" "Nein, wie geht denn die?" "Ganz einfach. Wenn du auf deiner Frau liegst, sagst du dabei: "Das war übrigens die Lieblingsstellung meiner Ex." - Wenn du dann noch 5 Sekunden oben bleibst, hast du gewonnen."
Mann zur Frau: - Du, ich muss schnell zum Arzt, muss Proben von Urin, Kot und Sperma abgeben. Nach 10 Minuten ist er schon wieder da! - Das ging aber fix - meinte die Frau. - Naja, nachdem ich mich ausgezogen hab, hat der Doktor gemeint, ich solle einfach meine Unterhose da lassen!

Erwin kommt abends nach Hause und flüstert seiner Frau ins Ohr: "Du, ich weiß was: heute Abend können wir mal Caritas-Bumsen." - "Prima", sagt sie erwartungsvoll. "Das kenne ich noch nicht." Im Bett liegt er schließlich auf der Seite und macht keinerlei Anstalten, sich zu rühren. Seine Frau stößt ihn an, er reagiert nicht. Nach fünf Minuten stößt sie ihn wieder an, er grunzt nur und brummelt etwas vor sich hin. Weitere fünf Minuten später wird´s ihr zu viel, sie packt ihn an der Schulter: "Was ist denn jetzt, wir wollten doch Caritas-Bumsen?" Darauf Erwin: "Tun wir doch die ganze Zeit, du rappelst mit der Dose und ich tu nix rein."

Tamara macht 'nen Strip vor Soldaten, die schon lange keine Frau gesehen haben. Tosender Applaus. Als die letzte Hülle fällt, herrscht plötzlich Totenstille. - Was ist? Gefalle ich euch nicht mehr?

Antwortet eine stöhnende Stimme: - Natürlich, aber klatsch du mal mit einer Hand.

Drei Männer kommen an der Himmelspforte an. Petrus fragt den ersten: "Wozu hast Du auf Erden Deinen Penis benutzt?" "Zum Wasserlassen, ab und zu habe ich allerdings auch ein wenig Sex gehabt." Ärgerlich schickt ihn Petrus in die Hölle und fragt den zweiten das gleiche. "Ich habe in zu gleichen Teilen zu beiden Zwecken hergenommen." - "Ab zum Teufel!" Und Petrus stellt dem dritten die Frage. Meint der resigniert: "Ich habe nur zu 10% gepinkelt und zu 90% gevögelt. Ich gehe schon mal los." "Quatsch, willkommen mein Sohn. Wir sind hier im Paradies und nicht in einem Pissoir!"

Eva schreibt an ihre beste Freundin: "Du machst Dir keine Vorstellung, wie unersättlich Hans-Udo in der Liebe ist. Wir machen Liebe praktisch rund um die Uhr, er lässt mir keine Verschnaufpause, wir tun es tags und nachts, während ich Hausarbeiten mache, putze, staubsauge, koche oder Geschirr spüle. Gib mir doch einen Rat. Schreibe mir bald und entschuldige bitte meine ruckartige Schrift! Deine Eva"

Kommt ein Schwuler an eine Tankstelle und steckt sich einen Zapfhahn in den Hintern. Da kommt der Tankwart raus und fragt: "Ist das normal?" Darauf der Schwule: "Ne, das ist super!"

Sitzen ein kleiner Junge und ein kleines Mädchen in der Badewanne. Meint das Mädchen: "Oh, was hast Du denn da zwischen den Beinen?" Daraufhin der Junge: "Das ist mein Penis." - "Darf ich den mal anfassen?" Antwortet der Junge: "Nein, Du hast Deinen schon kaputt gemacht."

Die kleine Renate kommt in die überfüllte Drogerie, bleibt an der Tür stehen und ruft laut: "Bitte drei Dutzend Präservative, verschiedenen Größen." Alles ist starr. Der Drogist fängt sich am schnellsten. "Erstens", sagt er, schreit man nicht so. Zweitens ist das nichts für kleine Kinder und drittens schickst du mir mal deinen Vater vorbei." Aber Renate ist nicht zu entmutigen. "Erstens", gibt sie zurück, "hab ich in der Schule gelernt, dass man laut und deutlich sprechen soll. Zweitens ist das nichts für kleine Kinder, sondern gegen kleine Kinder. Und drittens geht das den Vati gar nichts an. Die sind für die Mami. Die fährt nämlich morgen drei Wochen nach Mallorca!"

Großmutter, Mutter und Tochter sind zu Hause, als die Tür aufgerissen wird und ein Räuber hereinstürzt: Räuber: "Ihr legt euch jetzt alle auf den Boden!" Tochter: "Die Oma auch?" Räuber: "Wenn ich sage alle, dann meine ich auch alle!" Räuber: "So, jetzt zieht euch alle aus!" Tochter: "Die Oma auch?" Räuber: "Wenn ich sage alle, dann meine ich auch alle!" Räuber: "Und jetzt fessle ich euch alle!" Tochter: "Die Oma auch?" Räuber: "Wenn ich sage alle, dann meine ich auch alle!" Räuber: "So, und jetzt vergewaltige ich euch alle!" Tochter: "Die Oma auch?" Oma: "Wenn der Räuber sagt alle, dann meint er auch alle!"

Harald liebt Hanna nach einem Platzregen im Stehen an einer Eiche. Bei jeder Bewegung nickt Hanna zustimmend. Harald ist selig: "Es macht dir wohl riesigen Spaß!" - "Ja, schon", sagt Hanna, "aber da muss ein Zipfel meines Schals mit hineingeraten sein..."

Sagt ein Totengräber zu seinem Partner: "du, gestern hatte ich eine Leiche, die hatte eine Klitoris wie eine Essiggurke!" darauf der andere: "was, so groß??" "nein, so sauer!"

Eine hübsche junge Dame steht am Straßenrand und hält ihre Katze auf dem Arm. Kommt ein Jüngling vorbei und fragt: „Darf ich die Muschi mal streicheln?"
Darauf die Frau: - „Aber gerne doch, aber wer hält solange die Katze?"

Ein Mann trifft ein Mädchen in einen Nachtclub. Sie lädt ihn zu sich nach Hause ein, da ihre Eltern nicht da sind. Als sie beim Haus ankamen und in das Schlafzimmer gingen, bemerkte der junge Mann lauter Plüschtiere, hunderte von Plüschtieren. Sie waren auf den Schränken, in den Regalen, am Fensterbrett, am Boden und natürlich auch auf dem Bett. Sie räumten die Plüschdinger vom Bett und kamen gleich zur Sache. Später, nach dem Sex, drehte er sich zu ihr und fragte: "Und, wie war ich?" Sie sagte: Na, ja, du kannst dir irgendeins von dem unteren Regal nehmen.

Heißer Sommertag, die Luft flimmert, im Hühnerhof ist alles ruhig, kein Federvieh, nichts draußen, alles ist im Schatten, so heiß ist es. Plötzlich ein Krach, der Hühnerschlag wird aufgerissen, raus rennt der Hahn, rast über den Hühnerhof und schreit: "Ich habe mich geirrt - ich habe mich geirrt!" Gleich darauf geht die Tür wieder auf, watschelt ´ne Ente raus und sagt: "Das macht doch nichts - das macht doch nichts!"
Die zehnjährige Erna kommt aufgeregt vom Spielplatz nach Hause. – „Mutti, Mutti, kann ich eigentlich schon Kinder kriegen?" - „Aber nein, mein Kind." Da läuft Klein Erna zum Fenster und ruft: - „Alles klar Jungs. Wir können morgen weitervögeln."

"Ich bin in letzter Zeit unersättlich. Das geht mir total an die Nerven!" erzählt Katrin ihrer Kollegin. "Probiere es doch mal mit Baldrian!" schlägt die vor. "Oh gerne, wo wohnt der Bursche denn?"

Im schönen Sachsen, in der Nähe von Leipzig: Ein Vater möchte seinem 8-jährigen Sohn die Tiere im Wald zeigen. Sie steigen auf einem Hochsitz. Der Junge schaut nach Norden und sieht zwei Füchse, der Vater beobachtet den Süden und erblickt eine nackte Frau. Der Sohn ganz aufgeregt zu seinem Vater: "Baba, Figgse, Figgse!" Daraufhin der Vater: "Nur, wennde dor Muddi nüscht soochst!"

„Woher hast du das blaue Auge?" „Ach, als wir gestern bei Tisch ...und erlöse uns von dem übel!" gebetet haben, hab ich zufällig meine Schwiegermutter angeguckt."

Der kleine Sohn darf mal wieder bei den Eltern im Schlafzimmer übernachten. Nachts fängt der Vater an, die Mutter zu befummeln. Die Mutter sagt:
„Nein, nicht jetzt, der Kleine schläft doch noch nicht. Geh in die Küche und

trink noch ein Bier."
Der Vater rennt in die Küche, kippt ein Bier ab, kommt zurück zur Mutter und das Ganze geht von vorne los.
„Nein, sagt die Mutter - der Kleine schläft immer noch nicht. Geh doch noch mal raus und trink noch ein Bier. "
Der Vater geht wieder in die Küche und trinkt noch ein Bier, kommt zurück, das gleiche Spiel wieder.
„Bier ist jetzt alle", sagt er zur Mutter.
„Dann geh in die Küche, im Kühlschrank steht noch eine Flasche Sekt, der Kleine schläft immer noch nicht."
Der Vater geht wieder in die Küche, macht die Flasche Sekt auf - der Korken macht einen ordentlichen Knall. Da richtet sich der Kleine im Bettchen auf und sagt:
„Ach, Mama, hättest Du ihn doch rangelassen, jetzt hat er sich erschossen!"

Jungfrau Maria fragt Gott: "Darf ich mal 3 Tage auf die Erde?" Gott antwortet: "Gut, ich rufe dich jeden Abend an." Am ersten Abend ruft Gott an. Jungfrau Maria meldet sich: "Hallo, hier ist die Jungfrau Maria. Ich habe mir einen Minirock gekauft, ist das schlimm?" Gott antwortet: "Nein, das ist nicht schlimm." Nächster Abend: "Hallo, hier ist die Jungfrau Maria. Ich war auf einer Party, ist das schlimm?" - "Nein das ist nicht schlimm." Am dritten Abend ruft der Heilige Vater wieder an und Jungfrau Maria meldet sich: "Hallo, hier ist Maria, ist das schlimm?"

Der Mann setzt sich auf die Wiese, erledigt sein Geschäft, auf einmal wacht er in seinem Bett auf und kriegt von seiner Frau zwei geknallt.
„Na hör mal, dass du mich 4x aufgeweckt und durchgefickt hast war ja noch ok, aber mir dann auf den Bauch zu scheißen und an meinen Schamhaaren zu zerren, das war zu viel!"

Ein wunderschönes Mädchen liegt nackt am FKK Strand und sonnt sich. Es kommt ein kleines Mäuschen vorbei und krabbelt auf das Mädchen. Mäuschen fragt: - „Was ist denn das?" Mädchen: - „Das sind meine Brüste." Mäuschen kriecht weiter: - „Und was ist das?" – „Das ist mein Nabel."

Mäuschen kriecht noch weiter: - „Und was ist das?" Mädchen: - „Das ist mein Mäuschen!"
Mäuschen schnuppert und fragt: - „Tot?"

"He Oliver, kommst du mit Porno-Hefte kaufen?" - "Ich kaufe keine, ich kann sie von meinem Vater leihen!" - "Dein Vater kauft Porno-Hefte?" - "Nein, der ist Lehrer und beschlagnahmt sie!"
Kommt ein 63-jähriger Mann in die Apotheke. Opa: "Ich brauche Kondome." Apothekerin: "Welche Größe?" Opa: "Keine Ahnung." Apothekerin: "Na, dann packen sie mal aus." Der Opa tut, wie ihm geheißen und legt seinen Schwanz auf die Theke. Die Apothekerin streichelt zweimal drüber und ruft: "Gerda, Kondome Größe 6." Das Spiel wiederholt sich mit einem 32-jährigen. 20 Minuten später kommt ein 14-jähriger, der seine Größe auch nicht kennt. Apothekerin: "Pack mal aus!" Sie streichelt einmal, zweimal und ruft: "Gerda, ein Taschentuch!"

Kommt ein junges Mädchen zum Pfarrer und möchte beichten. Pfarrer: "Nun mein Kind, du hast also gesündigt?" Sie (ganz schüchtern): "Ja ... also ich weiß nicht wie ich´s sagen soll." Pfarrer: "Nun sag´s schon, vor Gott brauchst du dich nicht schämen!" - "Gut, Herr Pfarrer, ich habe also gebumst." Pfarrer (total entsetzt): "Aber Kind, das sagt man doch nicht so, das heißt: Ich habe die Kerze der Liebe empfangen!" - "Aha, also daher ist mir das Wachs an den Schenkeln herabgelaufen!"

Ein Schwuler geht zum Tätowierer. Er sagt: "Ich hätte gerne einen Porsche auf meinen Penis tätowiert." Gesagt - getan. Eine Woche später kommt er wieder und verlangt, dass ihm ein Traktor auf die Hoden tätowiert wird. Der Tätowierer fragt verdutzt nach: "Wieso das denn?" Antwortet der Schwule: "Na irgendwie muss ich doch den Porsche aus der Scheiße ziehen..."

Ein Mann kommt in den Himmel und wird von Petrus empfangen: „Na weil Du so brav und gesittet in deinem Leben warst darfst du dir drei Sachen wünschen." Der Mann überlegt und sagt dann:

„Mein erster Wunsch: Ich würde gerne eine Schwarze bumsen." „Da gehst Du in diese Tür, und da findest Du was Du begehrst." Der Kerl geht rein, und findet wirklich eine wunderschöne schwarze Frau drin.
„Und als nächstes würde ich gerne mit 3 gleichzeitig vögeln."
„Da gehst Du in diese Tür und dann wird Dir auch der Wunsch erfüllt." Geht rein und findet auch dort was er will. „Und Dein dritter Wunsch." - Tja, ich müsste mal kacken. „Naja, da haben wir nur unsere Wiese. Klopapier gibt es keines, musst halt das Gras benutzen.

Das frisch verliebte Paar macht es in den Dünen. In höchster Ekstase sagt sie zu ihm: "Bitte Schatz, mach es mir doch noch mal mit deinem Panierten!"

Eine junge Nonne fährt per Anhalter. Der Fahrer findet sie sehr sexy und nähert seine Hand ihrem Knie. Da flüstert sie: "Psalm neunzig, Vers fünf!" Verstört hält der Fahrer inne. Zu Hause schlägt er die Bibel auf und liest: "Du bist auf dem richtigen Weg!"

Zwei Frauen unterhalten sich: „Wenn ich Wäsche waschen will, probiere ich, nach welcher Seite sein Schniedel fällt. Fällt er nach rechts, wird das Wetter gut und ich kann die Wäsche im Garten aufhängen. Fällt er nach links, wird das Wetter schlecht und ich hänge sie auf den Dachboden." „Und wenn er nicht umfällt?", fragt die andere. „Dann wasche ich keine Wäsche."

Fritzchen spielt mit der Eisenbahn. "Bitte einsteigen! Die Kinder in die Mitte, die Männer nach hinten und die Schlampen nach vorne!" ruft er laut. Als das die Mutter in der Küche hört schimpft sie: "Eine Stunde Spielverbot!" Eine Stunde später spielt Fritzchen wieder mit der Eisenbahn und sagt: "Die Kinder in die Mitte, die Männer nach hinten und die Frauen nach vorne!" - "Na also!" sagt die Mama, "Es geht doch!" Darauf Fritzchen "... und wegen der Schlampe in der Küche haben wir jetzt eine ganze Stunde Verspätung!"

Abends im Bett flüstert der Börsenmakler seiner schönen Frau ins Ohr: „Die Aktien steigen, der Kurs ist fest". Sie räkelt sich: „Nein, die Börse ist heute geschlossen." Beleidigt dreht er sich zur Seite. Nach einer Weile sagt sie: „Schatz, die Börse hat ihre Pforten doch noch geöffnet. Ich nehme die Aktien zum Höchstwert." „Zu spät", knurrt der Makler. „Ich habe sie schon unter der Hand verschleudert."

Ein Ehepaar liegt gemeinsam im Bett. Nach einer Weile deutet er an, dass er Sex haben möchte. Sie lehnt ab: „Ich habe morgen einen Termin beim Gynäkologen." Er dreht sich weg und versucht zu schlafen. Nach ein paar Minuten sagt er zu ihr: „Hast Du morgen auch einen Termin beim Zahnarzt?"

Erika und Oskar gehen durch den Wald, plötzlich sagt sie: „Oskar, sei ehrlich, ich habe das Gefühl, du willst mit mir schlafen." Oskar antwortet: „Aber woher denn! Hältst du mich für einen Lustmolch?" Etwas später fragt Erika erneut: „Oskar, du kannst leugnen so viel du willst, aber ich habe immer noch das Gefühl, dass du mit mir schlafen willst!" Oskar ist entrüstet: „Wirklich Erika, ich denke nicht daran!" Ein paar Meter weiter bleibt Erika plötzlich stehen: „Oskar, tu mir bitte den Gefallen und schlafe mit mir, damit ich dieses blöde Gefühl endlich loswerde."

Der Bauer kommt früher als vereinbart nach Hause zurück und erwischt seine Frau mit dem Knecht im Bett. Er schlägt ihn K.O.
Als der Knecht wieder zu sich kommt, liegt er in der Scheune auf einer Werkzeugbank, ist splitternackt und sein bestes Stück ist in einem Schraubstock eingeklemmt. Verwirrt blickt er sich um und sieht wie der Bauer ein Messer wetzt.
Entsetzt schreit er: "Um Himmelswillen, Sie werden IHN mir doch nicht abschneiden?"
Dreckig grinsend legt der Bauer das Messer neben den Knecht und sagt: "Nee nee, das darfst Du schon selber machen. Ich geh jetzt raus und zünde die Scheune an!"

Tina führt ihrem Freund ihren neuen, superkurzen Minirock vor. "Steht er mir?" fragt sie ihren Freund. "Aber ja", flüstert er, "und mir erst!"
Nimmt der junge Mann ein Päckchen Kondome aus dem Regal und gibt sie der Verkäuferin:" Ist ein Geschenk für meine Freundin!" - "Soll ich es nett einpacken?" - "Nein, danke, ist ja schon die Verpackung!"

Ein Mann und eine Frau stehen an der Rezeption eines Hotels. Die Frau lässt ihren Kugelschreiber fallen. Der Mann bückt sich, um den Kugelschreiber für die Frau aufzuheben. Beim Aufstehen kommt der Mann mit seinem Ellbogen an die Brust der Frau. Er schaut Sie an und sagt: „Gnädige Frau, wenn Ihr Herz so weich ist wie Ihr Busen, bin ich mir sicher, dass Sie mir verzeihen". Die Frau schaut den Mann an und sagt: „Wenn dein Schwanz so hart ist wie dein Ellbogen: Ich bin in Zimmer 235."

Am FKK Strand. Der 5-jährige kommt zur Mutter: „Mama, da hinten sind Frauen, die haben größere Brüste als du." „Die sind alle ganz doof.", sagt die Mutter. Nach einiger Zeit kommt der Kleine wieder: „Mama, da hinten stehen ein paar Männer, die haben aber längere Pipimänner als der Papa." Die Mutter: „Je länger der Pipimann, desto blöder ist der Mann." Der Sohnemann geht spielen und kommt nach einiger Zeit wieder: „Mama, da hinten steht der Papa und spricht mit einer ganz doofen Frau, und je länger er das tut, desto blöder wird er."

Ein Mann und seine Frau kommen im Zoo an einem Gorilla-Käfig vorbei. Plötzlich schnappt sich ein Gorilla die Frau und will sich über sie hermachen. Die Frau schreit und fragt aufgeregt ihren Mann, was sie denn jetzt tun soll. Darauf der Mann: „Sag doch, du hast Kopfschmerzen!"

Ein 6jähriger fragt seine Kindergärtnerin, ob er ihr an den Po fassen darf. Sie: "Geh heim!" Ein 5 jähriger fragt, ob er die Brüste anfassen darf. "Geh heim!" Ein 4jähriger will gehen, da fragt die Kindergärtnerin: "Wieso gehst du?" - "Ficken ist wohl heute nicht!"

Der Ehemann stürzt ins Schlafzimmer und schreit: "Schnell Tina, zieh dich an, das ganze Haus brennt!" Da ertönt aufgeregt eine tiefe Stimme aus dem Kleiderschrank: "Rettet die Möbel, rettet die Möbel!"

Ein Vogel und eine Schlange treffen sich. Fragt der Vogel: "Wie geht´s denn so?" Antwortet die Schlange: "Ach gut. Man schlängelt sich so durch. Und wie geht´s dir?" Da wird der Vogel rot bis zur Schnabelspitze und fliegt davon....

Eine neue Metzgerei wird eröffnet. Als Geschenk packt der Metzger jedem Kunden ein Würstchen ein. Am anderen Tag kommt eine Kundin in die Metzgerei und sagt: "Sie haben mir gestern irrtümlich ein Würstchen dazu gepackt!" - "Nein, das gab es kostenlos zur Einführung!" "Oh Gott, und ich habe es gegessen!"

Beim Bettenmachen findet das naive Dienstmädchen ein Kondom und ist entsetzt. Die gnädige Frau kommt hinzu und fragt: "Machen Sie denn so etwas nicht?" - "Doch, schon, aber nicht so heftig, dass die ganze Haut dabei abgeht..."

Am Badestrand in Italien trifft Fred seine Jugendliebe, die er fünfzehn Jahre nicht gesehen hat, die herrlich üppige Claudia. Fred: - „Kommst Du heute Abend zu mir ins Hotel?" Claudia: - „Gern, ich freue mich."
Fred: - „Ich freue mich auch wahnsinnig." Claudia: - „Geh Du aber jetzt erst mal schnell ins Wasser, die Leute können schon sehen wie sehr Du Dich freust."

Streiten sich drei Spermien. Sagt das Erste: "Ich will erster sein!!" Das Zweite: "NEIN, ich, ich WILL !!" Meint das dritte ruhig: "Hört auf, euch zu streiten, sehen wir erstmal zu, wie wir wieder aus der Speiseröhre herauskommen..."
Fährt ein Opi mit dem Bus und stiert die ganze Zeit einen Punker mit einem roten Irokesenschnitt an. Plötzlich reicht es dem Punker und er schreit den Opa an: "Hey Alter, hast Du in Deiner Jugend nie eine Sünde begangen?"
Sagt der Opa: "Ja natürlich! Ich habe in meiner Jugend Hühner gefickt. Jetzt überlege ich die ganze Zeit, ob Du mein Sohn sein könntest..."

Erst spät in der Winternacht kommt Eva nach Hause. Am nächsten Morgen fragt der Vater:" Wo warst du gestern so lang?" - "Bei ´ner Freundin!" - "Und wer hat dich nach Hause gebracht?" - "Meine Freundin!" - "Aha! Dann war sie es, die "Eva ich liebe dich" unter deinem Fenster in den Schnee gepinkelt hat!"

Ein aufgetakelter Herr kommt in eine Buchhandlung. "Haben Sie ein Buch über das Liebesleben in adligen Kreisen?" "Nein, bedaure", sagt die Verkäuferin ganz verlegen. "Na, auch egal, dann machen wir es eben weiter wie bisher!"

Frankfurt am Main, Gebäude der Deutschen Bank, morgens um Viertel vor acht im Expresslift zur Chef-Etage. Sagt eine Sekretärin zur anderen: „Huch, Helga, was ist denn das für ein Fleck auf dem Kabinenboden? Ist das etwa Sperma!?"
Die Kollegin schaut nach unten, verzieht das Gesicht, und antwortet: - „Ja, sieht ganz so aus." Plötzlich geht sie in die Hocke und stippt den Finger in den Fleck. Dann lutscht sie den Finger ab "schmatz, schmatz ..." und sagt zu der anderen: „Aber keiner vom Haus!"

Ein Geschäftsmann reißt in einer japanischen Disco eine hübsche Japanerin auf. Später in seinem Hotel, sie sind gerade „voll dabei", schreit sie immer: „hai to, hai to". Er denkt sich, na ja, die ist aber gut drauf und lobt mich ganz prima... Am nächsten Tag, spielt er mit seinem japanischen Geschäftspartner Golf und dem Japaner gelingt ein ausgezeichneter Schlag. Um den Japaner zu beeindrucken, versucht der Geschäftsmann sein frisch erworbenes Japanisch an den Mann zu bringen und sagt: „Hai to!" Darauf der Japaner: „Was heißt hier falsches Loch?"
Eine schöne Frau ist am Strand bis zum Hals in den Sand eingegraben und ruft laut um Hilfe. Ein junger Mann buddelt sie aus. Darauf sagt sie: "Vielen Dank, jetzt hast Du einen Wunsch frei." "Was ist denn für mich drin?" "Vorerst noch Sand."

Wachtmeister Mueller läuft nachts durch die Straßen. An einem Gebüsch vorbeikommend vernimmt er verdächtige Geräusche. Direkt, wie er ist ruft er ins Gebüsch: "Vögelt hier einer?" Stille...doch nach einer Zeit hört man eine unwillige Stimme: "Nee, zwei, Sie Dussel!"

Als der Bademeister morgens seinen Dienst antritt, krault eine sehr attraktive Frau in atemberaubendem Tempo durchs Becken. Er springt ins Wasser und krault neben ihr her. Aber er kann nicht mithalten und nach zwei weiteren Runden steigt er aus dem Wasser. Völlig außer Atem ruft er ihr zu: "Sie sind ja fabelhaft! Sind Sie vielleicht Europameisterin?" "Aber nein." "Was dann?" "Callgirl in Venedig!"

Ein Mann fragt seine Frau bei der Silberhochzeit: „Bist Du mir auch immer treu gewesen?" Darauf antwortet Sie: „Aber ja, bis auf das eine Mal, als du so schwer krank gewesen bist, und wir den Doktor aus der Schweiz kommen lassen mussten. Er wollte dich erst nicht behandeln, aber dann hat er es doch getan." Darauf sagt der Mann: „Ich liebe Dich! War das denn wirklich das einzige Mal?" „Naja, da war noch die Zeit, als du 250 Stimmen für deine Kandidatur als Bürgermeister brauchtest….

Eine Raupe sitzt auf einem Blatt und ist kurz davor sich darüber her zu machen. Ein paar Meter entfernt sitzt ein Vogel auf einem Ast und beobachtet die Raupe. Er denkt sich: „Da lass' ich mir aber noch ein wenig Zeit. Die werde ich fressen, aber erst soll die Raupe das Blatt fressen, dann ist sie noch fetter." Also wartet er noch ein wenig. Der Vogel aber wird von einer Katze beobachtet, die ihn fressen will und sich wiederum denkt: „Da warte ich lieber noch, bis der Vogel die Raupe gefressen hat, dann ist er noch fetter und schmeckt mir noch besser." In der Zwischenzeit hat die Raupe das Blatt verputzt und der Vogel ist gestartet, um seinerseits die Raupe zu fressen. Alles geht so schnell, dass die Katze zu spät auf den Vogel losspringt, ihn verfehlt und in hohem Bogen in den kleinen Bach fällt, der unter dem Ast des Vogels fließt. Und die Moral von der Geschichte: Je länger das Vorspiel, desto nasser die Muschi!

Der erschöpfte Hausarzt ist gerade eingeschlafen, als ihn ein Anruf weckt: "Bitte kommen Sie sofort," bestürmt ihn eine Stimme, "Unser kleiner Sohn hat ein Kondom verschluckt!" Der Arzt zieht sich rasch an, aber noch bevor er das Haus verlässt, klingelt das Telefon erneut. Eine erleichterte Stimme am anderen Ende der Leitung: "Sie brauchen nun doch nicht zu kommen, Herr Doktor, mein Mann hat gerade noch ein anderes gefunden!"

Der Streifenwagen stoppt neben einer nackten Frau, die zitternd an der Autobahn steht. "Ich bin im Auto vergewaltigt und anschließend rausgeworfen worden", sagt die Frau leise. "Was war das für ein Wagen?", fragt einer der Polizisten. "Ein blaues Coupe, die Marke weiß ich nicht." "Und wie war die Nummer?" Meint sie achselzuckend: "So schlecht nun auch wieder nicht."

Ein Mann hat sich den Namen seiner Freundin Uschi auf den Schwanz tätowieren lassen. In der Sauna sitzt er neben einem Neger auf dessen Schwanz das Wort "Wendy" steht. "Hey, ist das auch der Name deiner Freundin?" "Nein, da steht Welcome to the Bahamas, have Fun and a nice Holliday..."

Kommt ein 70-jähriger Mann zu seinem Arzt und sagt: „Herr Doktor, Herr Doktor, ich habe eine 30-jährige Freundin und diese möchte ich unbedingt einmal wieder gründlich vernaschen!" Meint der Arzt: „Herr Maier, das ist alles kein Problem, binden Sie sich ein Lineal um ihren Johannes und sie können es machen, wie ein Weltmeister!" Herr Maier geht nach Hause, folgt dem Rat seines Arztes und bindet seinen Johannes an ein Lineal. Daraufhin kann er die ganze Nacht. Am nächsten Morgen unterhalten sich die beiden Schamlippen. Sagt die eine zur anderen: „Jetzt haben wir schon alles erlebt: große, dicke, dünne, krumme, kleine, aber das einer mit der Bahre hereingetragen wird, das hatten wir noch nie!"

"Du, gestern hatte ich Glück!" "Warum ?" "Na, ich war nachts mit meiner Frau am Schmusen, plötzlich kommt der Kronleuchter runter und fällt mir voll auf den Hintern." "Und das nennst Du Glück?" "Na klar, 5 Minuten eher und ich hätte das Ding voll ins Genick bekommen!"

Zwei Frauen gehen am FKK-Strand spazieren und sehen einen schlafenden Mann mit einem riesigen Schwanz. Aufgeregt wecken sie ihn und wollen wissen, wie groß das Ding denn im ausgefahrenen Zustand wird. Da schaut der Mann ganz traurig drein und meint: "Das weiß ich auch nicht, denn immer wenn es losgeht, da zieht der so viel Blut, da werde ich jedes Mal ohnmächtig."

Ein Mann kommt in den Puff. Es ist Stromausfall, er sieht nichts. Also fängt er an zu tasten. Er findet etwas und denkt sich: Warm, weich, feucht, haarig! Und rammelt rein. Als er aus dem Puff geht kommt ein bärtiger Mann hinter ihm her: "Bah, wenn ich die Sau erwische!"

Ein altes Ehepaar sitzt wie immer gemeinsam beim Frühstück auf der Terrasse. Auf einmal holt die alte Frau aus und versetzt ihrem Gatten einen Haken, dass es ihn rückwärts von seinem Gartenstuhl haut. Eine Weile ist es still, dann fragt der Alte verwundert: "Wofür zum Teufel war denn das?" Sie antwortet: "Für 45 Jahre schlechten Sex!" Er sitzt grübelnd auf seinem Stuhl. Nach einer Weile steht er auf und haut ihr dermaßen eins auf die Glocke, dass sie samt Stuhl von der Terrasse fliegt. "Warum hast du das getan?", schreit sie ihn an. Er antwortet: "Woher kennst du den Unterschied zwischen gutem und schlechtem Sex?"

Frau Müller will sich einen Papagei kaufen und geht in die Tierhandlung. Sie entdeckt auch sofort ein Sonderangebot: "Papagei - nur 10 Euro!" Verwundert fragt sie den Händler, warum der prächtige Papagei so günstig sei. Der Tierhändler antwortet: "Also, die Sache ist so: Der Papagei hat vorher in einem Freudenhaus gelebt und ab und zu redet er ziemlich vulgäres Zeug."
Frau Müller lässt sich die Sache durch den Kopf gehen und entscheidet sich schließlich, den Vogel doch zu kaufen. Zu Hause angekommen hängt sie den Käfig mit dem Papagei im Wohnzimmer auf.
Der Papagei schaut sich um und krächzt: "Neues Puff, neue Puffmama." Frau Müller ist zuerst geschockt, beschließt dann aber die Sache nicht so ernst zu nehmen. Als die beiden Töchter von der Schule nach Hause kommen, krächzt der Papagei wieder: "Neues Puff, neue Puffmama, neue Nutten." Die Mutter und die beiden Töchter sind anfangs etwas beleidigt, beschließen dann aber schnell, die Sache nicht ernst zu nehmen.
Eine Stunde später kommt der Familienvater nach Hause. Der Vogel sieht ihn und krächzt: "Hallo Bernd!"

Kommt eine Frau zum Arzt und fragt: "Kann ich in der Regel baden?" Darauf der Arzt: "Klar, wenn sie die Wanne voll kriegen!"

Auf dem Bremer Hauptbahnhof wird ein Automat aufgestellt. Neben einer kreisrunden Öffnung ist ein Hinweis: „Es geht auch ohne Frau! Einwurf - ein Euro." Als gerade der Bahnsteig leer ist, wagt sich ein Passant heran, öffnet die Hose, steckt sein edles Teil hinein und wirft einen Euro hinein. Dann jault er wie verrückt. An der Spitze seiner Männlichkeit wurde ein Knopf angenäht! Drei Männer unterhalten sich über die Dummheit ihrer Frauen. Der erste: „Meine Frau ist so dumm, dass sie sich für 10.000 € 'ne Küche gekauft hat, dabei kann sie gar nicht kochen." Der zweite: „Meine Frau ist so dumm, dass sie sich für 20.000 € ein Auto gekauft hat, dabei hat sie gar keinen Führerschein." Der dritte: „Das ist noch gar nichts, meine Frau hat sich für ihren Kegelausflug nach Kenia 50 Kondome gekauft. Saublöd! Sie hat doch gar keinen Penis!"

Eine Türkin ist mit Zwillingen schwanger und als sie mal alleine zu Hause ist bemerkt sie das ihre Wehen einsetzen. Da sie nicht weiß was sie machen soll ruft sie die Polizei die dann auch umgehend bei ihr ankommt. Da es zu spät ist noch in's Krankenhaus zu fahren beschließen die Polizisten den Part der Hebamme zu übernehmen. Erst läuft auch alles nach Plan, als bereits der Kopf des einen Kindes herausschaut. Doch zu aller Entsetzen verschwindet der Kopf wieder im Bauch der Frau und das Baby sagt zu seinem Bruder. "Hey Mehmet!!! Schnell lass uns hinten raus - vorne sind die Bullen!"

Ein alter Italiener bat seinen Priester, ihm die Beichte abzunehmen. "Vater, während des 2. Weltkrieges klopfte eine Frau an meine Tür und bat mich, sie auf meinem Dachboden vor den Deutschen zu verstecken." Der Priester sagte: "Das war wundervoll von Dir und Du brauchst dafür nicht zu beichten." "Ja, es ist halt so, Vater, ich war schwach und verlangte von Ihr, sich mit Sex erkenntlich zu zeigen." "Oh, ihr wart beide in großer Gefahr und hättet beide schrecklich leiden müssen, wenn die Deutschen sie gefunden hätten. Gott, in seiner Weisheit und seiner Rücksicht wird Gut und Schlecht abwägen und gnädig urteilen. Es sei dir vergeben." "Danke, Vater. Das erleichtert mich wirklich sehr. Ich habe nur noch eine Frage: Soll ich ihr sagen, dass der Krieg vorbei ist?"

Es gab einmal einen Mann, der ging jeden Tag in den Puff. Er kannte den

Puffbesitzer so gut, dass er alle Mädchen für 50 €uro bekam! Eines Tages wurde der Mann arbeitslos. Er hatte kaum noch Geld, doch der Drang nach Sex war so groß, dass er den Puffbesitzer fragte: "Ich bin arbeitslos geworden und hab nur noch 20 €uro auf Tasche, hast du trotzdem ein Mädchen für mich?" Da sagte der Puffbesitzer:"20 €uro sind zu wenig für ein gutes Mädchen, aber weil du es bist, habe ich da was für dich!" Der Puffbesitzer verschwand für ein paar Minuten. Als er wieder kam, hatte ein hässliches, dickes Mädchen bei sich und sagte: "Hier, für 20 €uro kann ich dir nicht mehr geben!" Dem Mann war das egal! Er ging mit dem hässlichen, dicken Mädchen ins Zimmer und schlief mit ihr. Am nächsten Tag, kam der Mann schon wieder zum Puffbesitzer und sagte: "Ich hab nur noch 10 €uro auf Tasche, hast du trotzdem ein Mädchen für mich?" Der Puffbesitzer: "Also für 10 €uro kann ich dir nur ein Huhn anbieten!" Der Mann sagte: "Egal, gib her!" und verschwand mit dem Huhn im Zimmer! Einen weiteren Tag später kam der Mann schon wieder zum Puffbesitzer und sagte: "Ich hab nur noch 5 €uro auf Tasche, hast du noch irgendwas für mich?" Da sagte der Puffbesitzer: "Also für 5 €uro kannst du dich da vorne an die Wand setzen, durch die Löcher gucken und dabei zu sehen, wie zwei andere Leute Bumsen!" Der Mann bezahlte und setzte sich vor die Wand. Er guckte durch die Löcher und sah, wie ein Junge, ein dickes, hässliches Mädchen Bumste! Das sagte er zu dem Mann neben sich: "Igitt, wie kann er die nur Bumsen?" Da sagte der Mann neben ihm: "Das ist doch gar nichts! Gestern war hier so ein Idiot, der hat ein Huhn gebumst!"

Eines Nachts bringt Martin seine Freundin nach Hause. Lässig lehnt er sich mit der Hand gegen die Wand, lächelt sie an und sagt: "Liebling, ich bin geil ohne Ende, würdest du mir schnell einen blasen bevor ich gehe?" Erschrocken antwortet sie: "Bist du verrückt? Meine Eltern würden uns sehen!" "Ach komm, bitte, wer soll uns schon sehen um diese Uhrzeit?" "Nein, echt nicht. Was meinst du, was passiert, wenn wir hier erwischt werden?" Geil wie Hölle bettelt er weiter: "Oh bitte, bitte, ich liebe dich so sehr!" "Nein, nein und nochmals nein. Ich liebe dich auch, aber ich kann's einfach nicht!" "Oh doch, du kannst. Bitte!" Plötzlich geht das Licht im Treppenhaus an und die kleine Schwester des Mädchens steht da im Pyjama und sagt mit verschlafener Stimme: "Papa sagt, mach hin und blas ihm endlich einen. Ansonsten kann auch ich es tun oder Mama und wenn's sein muss, sagt Papa, dann kommt er auch selber runter und macht es. Aber bitte sag dem blöden Arschloch, er soll endlich seine Hand von der Sprechanlage nehmen!"

3 Kumpels arbeiten auf der Baustelle. Eines Tages fällt Meier, einer der drei vom Gerüst und ist tot. Die beiden anderen überlegen, wie sie das seiner Frau sagen sollen. Schließlich fällt dem einen ein: Schicken wir den Lehrjungen. Beide sind begeistert und schicken den Lehrling um die traurige Nachricht zu überbringen. Der kommt nach 2 Stunden mit einem Kasten Bier zurück. Die beiden: Du solltest doch Frau Meier vom Tod ihres Mannes berichten!! - Darauf er: Hab ich auch. Ich hab geläutet, sie hat aufgemacht und ich hab gesagt: „Hallo Witwe Meier." Sie hat gesagt: Ich bin keine Witwe. „Da hab ich gesagt: Wetten wir 'nen Kasten!"

Ein junger Medizinstudent geht das erste Mal mit dem Chefarzt durch die Krankenstation und macht Visite. Sie kommen an einem Zimmer vorbei, in dem ein Mann unentwegt masturbiert. „Was hat der denn?", will der junge Student wissen. "Tja, sein Problem ist, dass seine Hoden zu viel Samen produzieren und wenn er den Druck nicht loswird, explodieren die Dinger", antwortet der Chefarzt. Sie gehen weiter und kommen an ein Zimmer, in dem ebenfalls ein Patient mit heruntergelassener Hose liegt. Vor ihm kniet eine junge Krankenschwester, die ebenso gut Playmate sein könnte. „Und was hat der?" „Das gleiche, aber privat versichert."

"Ich muss höllisch aufpassen, dass ich kein Kind kriege!" - "Ich denke, Dein Mann hat sich sterilisieren lassen?! - "Eben."

Eine Blondine fährt hinter einem LKW hinterher. Als Beide an einer Ampel halten, kurbelt die Blondine das Fenster herunter und ruft dem LKW-Fahrer zu: "Ich bin die Mandy mit dem Handy, und Sie verlieren Ladung!" Der LKW-Fahrer guckt irritiert, die Ampel wird grün und er fährt los. Die Blondine fährt nun auf gleich Höhe zum Fahrerhaus, und brüllt durch das offene Fenster: "Ich bin die Mandy mit dem Handy, und Sie verlieren Ladung !!!" Der LKW-Fahrer winkt ab und fährt weiter. An der nächsten roten Ampel springt die Blondine aus Ihrem Auto, läuft zum LKW, reißt die Tür auf und ruft energisch: "Ich bin die Mandy mit dem Handy, und Sie verlieren Ladung!!!!!!!" Daraufhin entgegnet der Brummi Kapitän: "Ich bin der Günther, es ist Winter, und ich fahre ein Streufahrzeug!!!"

Zwei befreundete Ehepaare spielten an einem Abend zusammen Karten. Horst fiel zwischendurch eine Karte zu Boden. Als er sich danach bückte, bemerkte er, dass Dagmar, Antons Frau, die Beine weit gespreizt hatte und keine Unterwäsche trug! Horst ließ sich natürlich nichts anmerken. Später als Horst in die Küche ging um Getränke zu holen, folgte ihm Dagmar und fragte: "Hast du vorhin unterm Tisch etwas gesehen, das dir gefallen hat?" Horst, überrascht von ihrer Offenheit, bejahte und sie sagte: "Du kannst es haben. Es kostet allerdings 500 €".
Horst ging auf den Deal ein. Dagmar erklärte ihm, dass ihr Ehemann Anton freitags immer etwas länger arbeiten würde und Horst um zwei Uhr bei ihr vorbeischauen sollte.
Natürlich war Horst pünktlich, gab ihr 500 € und die beiden vögelten etwa eine Stunde lang. Um halb vier war Horst wieder weg.
Anton kam wie üblich um sechs Uhr nach Hause und fragte seine Frau: "War Horst heute Nachmittag hier?"
Dagmar war geschockt, aber antwortete ruhig: "Ja, er war heute Nachmittag für ein paar Minuten hier." Ihr Herz raste wie verrückt, als Anton nachfragte: "Und hat er dir 500 € gegeben?"
Dagmar dachte, das ist das Ende, setzte ein Pokerface auf und sagte: "Ja, er hat mir 500 € gegeben." Anton lächelte zufrieden und sagte: "Gut, Horst kam nämlich heute Morgen zu mir ins Büro, um sich 500 € bei mir zu leihen. Er versprach, dass er heute Nachmittag bei dir vorbeischauen würde, um das Geld zurückzubezahlen."

Zwei Schwule poppen im Bad. Sagt der eine: "Du, ich habe ja so Hunger, ich geh mal in die Küche. Aber nicht weitermachen..." Als der erste wiederkommt, ist das ganze Bad voll Wichse. Sagt er: "Du solltest doch nicht eitermachen!" Sagt der andere: "Man darf doch wohl noch furzen dürfen..." !!!

Am FKK-Strand: Frau Müller geht da so entlang und plötzlich steht sie vor dem großen Zauberer Simsalabamus. Sie fragt ihn: "Herr Zauberer, ich bewundere Ihre Kunst. Aber sagen Sie mal - können Sie auch nackt zaubern?"
"Ich bin Zauberer. Folglich kann ich auch nackt zaubern. Stellen Sie sich bitte mit dem Rücken zu mir! Nun tief bücken! Spüren Sie meinen Daumen? Ja? Sehen Sie, hier habe ich noch zwei."

Der Knecht ist in die Magd verschossen, aber die will nicht. Der Knecht lässt sich jedoch nicht entmutigen und denkt sich eine List aus. Auf einem Spaziergang erzählt er der Magd: "In diesem Gebüsch hier wohnt der Gehirnpicker!"
"Was ist denn ein Gehirnpicker?"
"Das ist ein kleiner, gefährlicher Vogel, der sich auf den Kopf setzt und das Gehirn herauspickt. Wenn der Gehirnpicker kommt, musst Du Dich auf den Boden legen und den Rock über den Kopf ziehen!"
Die Magd ist nach dieser Mitteilung sichtlich beeindruckt. Als sie das nächste Mal an dem Gebüsch vorbeikommen, ruft der Knecht: "Achtung, der Gehirnpicker!" woraufhin sich die Magd auf den Boden wirft und den Rock über den Kopf zieht; da fällt der Knecht über sie her. Sie herausfordernd: "Pick nur, pick nur, zum Gehirn kommst Du eh nicht!"

Ein Schwarzer nimmt eine Anhalterin mit. Sie fahren so zwei Stunden dahin, bis sie ihm mitteilt, er könne jetzt rechts ranfahren und sie rauslassen, sie wäre jetzt am Ziel. Als sie beim Aussteigen ist, sagt er: "Also weißt du, jetzt bist du zwei Stunden mit mir mitgefahren, jetzt müsste doch so eine kleine Nummer drin sein, oder?" Nach kurzem Überlegen sagt sie: "Naja, Nummer ist nicht, ihr Schwarzen habt doch so einen Langen, aber blasen werde ich dir einen..."
Der Schwarze verdreht die Augen: "Blasen... blasen... blasen kann ich mir auch selbst einen!"

Ein evangelischer und ein katholischer Priester gehen in den Puff. Der Evangelische kommt von der Prostituierten wieder raus und sagt:" Boah, die ist aber besser als meine Frau..." Geht der Katholische rein, kommt nach 10 Minuten wieder raus und sagt "Jo...hast Recht!"

Ein Matrose kommt von einer langen Seereise wieder in seinem Heimathafen an und begibt sich sogleich ins nächste Bordell. Er fragt nach einem Mädchen, welches ihm einen blasen soll. Er geht mit ihr auf's Zimmer und sie macht sich ans Werk. Nach 10 Minuten nimmt sie ihn raus und fragt: "Sag' mal, wird der denn überhaupt nie steif!" Er antwortet: "Der soll ja auch nicht steif werden, sondern sauber..."

Eine Mutter hatte drei Töchter und bei ihren Hochzeiten ersuchte sie die drei, sie nach der Hochzeitsnacht anzurufen und ihr diskret mitzuteilen, wie sich ihre Männer beim Sex denn anstellen... Die erste sagte: Es war wie Maxwell Kaffee. Die Mutter war etwas verwirrt, bis sie eine Maxwell Kaffee Werbung sah, mit dem Spruch: Zufriedenheit bis zum letzten Tropfen... Da war die Mutter zufrieden. Dann meldete sich die zweite Tochter. Bei ihrem Anruf flüsterte sie nur: Rothmanns. Also suchte die Mutter nach einer Rothmanns Annonce. Sie fand eine mit dem Werbespruch: Live Life King Size... Und die Mutter war abermals zufrieden. Schlussendlich heiratete auch die dritte ihrer Töchter. Nach einer Woche rief sie an und murmelte bloß: British Airways... Die Mutter sah alle Illustrierten durch und fand dann endlich eine Anzeige der Fluglinie. Als sie den Spruch las, schrie sie los: Oh, mein Gott!!! VIERMAL TÄGLICH - SIEBEN TAGE DIE WOCHE - BEIDE RICHTUNGEN !!!

Ein frisch verheiratetes Ehepaar liegt nachts im Bett. Er bemerkt: "Falls du Lust haben solltest mit mir zu schlafen, zieh einfach einmal an meinem Kleinen und ich weiß Bescheid." Sie entgegnet: "Und wenn ich mal keine Lust habe?"
"Dann ziehst du ca. 100-mal."

Evi übernachtet zum ersten Mal bei ihrem Freund. Er schlägt vor, die neuen Kondome mit Geschmack zu probieren. Er macht das Licht aus und Evi stürzt sich auf sein bestes Stück: "O geil - schmeckt nach Käse und Zwiebeln!" Keucht er: "Mach mal langsam, ich hab das Ding doch noch gar nicht an!"

Die kleine Lilli hat Pech mit ihrem Auto und muss wegen einer Panne am Straßenrand anhalten. So wie der Zufall so spielt ist Olaf, ein Mechaniker in der Nähe und sieht ihr Missgeschick. Hilfsbereit sagt er zu ihr, sie soll sich doch bücken, um den Platten genauer unter die Lupe zu nehmen.
Als sie sich daraufhin nach vorne streckt, rutschen plötzlich ihre Möpse aus dem BH. Darauf meint Olaf, als er ein ganz mitleidiges Gesicht aufzieht: "Komm ich zeig's dir, du brauchst einfach nur an meinem Schraubenschlüssel drehen!". Daraufhin meint die Blondine gewitzt: "Aber, aber das ist doch kein Grund alles hängen zu lassen!"

Welches ist der kleinste Dom? Der Kondom. Es passt nur einer rein, und der muss auch noch stehen. Und die Glocken hängen draußen.

Eine hübsche Blondine kommt an den Tresen und deutet dem Barkeeper an, er möge zu ihr kommen. Sie deutet ihm weiter an, sie möchte ihm etwas ins Ohr flüstern. Also beugt er sich zu ihr hin. Sie beginnt ihm seinen Bart zu kraulen und fragt ihn: "Sind Sie hier der Chef?" Er verneint.
Sie streichelt sein Gesicht mit beiden Händen und fragt erneut: "Können sie ihn herrufen? Ich müsste mit ihm sprechen." Und sie beginnt ihm mit beiden Händen durch Bart und Haare zu fahren.
Er bedauert, der Chef sei nicht im Hause. "Ich hätte da eine Nachricht für ihn, könnten sie sie ihm bestellen?" Und sie beginnt, ihren Zeigefinger in seinen Mund zu rein und raus zu schieben. "Ja, das kann ich schon machen. Wie lautet sie?" sagt der Barkeeper und die Lady antwortet: "Sagen sie ihm, dass auf der Damentoilette kein Klopapier mehr ist..."

Gerd kommt im Hotel an den Frühstückstisch mit einem blauen Auge. Fragt Harald: "Wer hat Dir denn dieses Ding verpasst?" "Das Zimmermädchen - Sie kam heute früh in mein Zimmer und sagte sie habe eine neue Stellung, da habe ich nur gefragt, ob sie denn auch die Türe abgeschlossen hätte!"

Was ist der Unterschied zwischen einer 7jährigen, 17jährigen, 27jährigen und 37jährigen? Die 7jährige bekommt man mit einem Märchenbuch ins Bett, Die 17jährige bekommt man mit einem Märchen ins Bett, Die 27jährige ist ein Märchen im Bett und die 37jährige sagt: "Erzähl` kein Märchen geh` ins Bett !!!"

Erfährt ein Mann vom Arzt, dass er nur noch 50-mal Sex haben kann. Als er das seiner Frau erzählt, meint diese: "Nur noch 50 mal ?? Da machen wir am besten eine Liste!" Nach einem Monat meint sie: "Sollten wir nicht langsam mal anfangen?" Er darauf: "Wieso wir? Du stehst auf der Liste gar nicht mit drauf!!"

Kommt ein Mann in eine Arztpraxis, sieht, dass das Wartezimmer brechend voll ist. "Prima", sagt er und geht wieder. Am nächsten Tag wieder: Das Wartezimmer ist voll und er: "Klasse" und geht wieder. Das wiederholt sich einige Tage. Der Arzt bekommt das mit und wundert sich. Er bittet seine Sprechstundenhilfe, doch dem Mann mal nachzufahren. Sie tut das am darauffolgenden Tag und von ihrem Chef zur Rede gestellt, druckst sie herum. "Und, sind sie ihm nachgefahren?" "Ja." "Und wohin ?" "Er fuhr zu einem Hochhaus." "Ja und dann ?" "Dann ging er in den Aufzug." "Und dann ?" "Dann fuhr er in den 3. Stock." "Und dann ?" "Dann klingelte er an einer Tür." "Und dann ?" "Dann machte ihm eine Frau auf." "Ja und dann ?" "Dann sagte er ihr: Liebling, wir können noch mal. Dein Mann ist noch beschäftigt..."

Drei Männer irren durch die Wüste. Kurz vor dem endgültigen Verdursten sehen sie ein Kloster. Sie klopfen an der Tür, und eine Nonne macht auf. "Tja," sagt die: "reinlassen könnten wir euch schon aber dies ist ein Nonnenkloster und ihr seid Männer. Wenn ihr hier rein wollt muss vorher der Schniedelwutz ab. "Den Männern kommt das kalte Grausen aber sie sagen sich besser Schniedel ab als verdursten. "Gut", sagt die Nonne:" solche Fälle hatten wir hier schon öfter und darauf sind wir eingestellt. Wir gehen immer nach dem Beruf des jeweiligen Mannes".
Fragt sie den ersten nach dem Beruf. "Metzger", sagt der. Sagt sie: " Dann nehmen wir ein Fleischermesser und schneiden ihn ab ". Der wird blass, aber er macht mit. Ritschratschritschratsch - ab... Der zweite nach dem Beruf gefragt gibt an: Hersteller von Beilen. Zack - ab... Der dritte kriegt das große Grinsen. Völlig verständnislos sehen ihn seine Leidensgenossen an. " Sag mal spinnst du", sagen die:" gleich schneiden sie dir dein bestes Stück ab und du stehst hier und grinst?" "Tja", sagt der: "das müsst ihr verstehen. Ich hab eine eigene Fabrik und da stellen wir Dauerlutscher her...

Durchsage des Piloten auf dem Charterflug nach Thailand: "...zum Schluss noch eine Warnung: 50 Prozent der Frauen in Bangkok haben Aids und die anderen 50 Prozent Asthma." Einer der Passagiere hat nicht verstanden und fragt seinen Nachbarn: "Was hat er gesagt?" Der antwortet: "Alle, die keuchen, kannste vernaschen!"

Zwei Männer sind am FKK-Strand und langweilen sich fürchterlich. Nur um die Zeit totzuschlagen, vergraben sie sich im Sand und lassen ihr bestes Stück nach oben herausgucken. Kommen zwei Frauen vorbei. Meint die eine: "Das ist doch zu blöd! Da heiratet man extra wegen der Dinger und hier wachsen sie wie Spargel!"

Sagt ein Bauer zum anderen: "Sag mal, dein Bulle, der nicht mehr richtig stieren konnte, was ist denn nun mit dem?" "Ach, der Tierarzt war da, hat ihm so gelbe Tabletten verschrieben und jetzt geht es aber wieder voll ab!" "Wie heißen die Tabletten denn?" "Keine Ahnung, aber die schmecken nach Pfefferminz"

Ein Mann soll operiert werden, weil sein Penis bis auf die Erde hängt. Der Chirurg ist sich nicht schlüssig, ob er das Glied vorne, in der Mitte oder hinten verkürzen soll. Schließlich zieht er die Oberschwester zu
Rate. Diese überlegt und meint dann: "Also, wenn Sie mich fragen - ich würde ihm die Beine verlängern!"

Wie unterscheidet sich der anständige Jäger, von einem unanständigen Jäger? Der anständige Jäger hat den Hasen im Rucksack, die Büchse geschultert und den Hund bei Fuß. Der unanständige Jäger hat den Hasen im Bett, die Hände an der Büchse und der Hund steht nicht!

Unterhalten sich zwei Nachbarinnen am Gartenzaun. Plötzlich kommt der Mann der einen mit einem riesengroßen Blumenstrauß nach Hause. Sagt sie: "Oweia, wenn ich das schon wieder sehe, da kann ich wieder das ganze Wochenende die Beine breit machen." Daraufhin ganz verwundert die andere: "Wieso, habt Ihr denn keine Vase???"

Warum haben Frauen so kleine Hände? Damit sie beim Putzen besser in den Ecken kommen!

Fritzchen sollte für die Schule einen Satz mit "wahrscheinlich" machen. Er ging über den Bauernhof seiner Eltern. Da sah er, wie die Magd aufgeregt in die Scheune lief und Hinterher der Knecht. Fritzchen schlich sich ran, Schaute. Lief auf sein Zimmer und schrieb seinen Satz. Am nächsten Tag fragte die Lehrerin wer einen Satz gefunden hat. Fritzchen meldete sich und las vor "Die Magd liegt tot am Boden. Der Knecht liegt oben drauf. Er zittert noch ein wenig. WAHRSCHEINLICH stirbt er auch."

Auf der Party vermisst die Dame des Hauses plötzlich ihr Töchterchen. Sie findet die 15 jährige im Wintergarten auf dem Schoß eines jungen Mannes. "Sofort stehst du auf!" ruft sie entrüstet. "Nein", antwortet die Kleine trotzig, "ich war zuerst da, Mama!"
In der Imbissbude. "Junge Frau, ein Würstchen und zwei Buletten, bitte." Die Bedienung geht zum Eisschrank, nimmt die beiden Buletten und klemmt sie sich unter die Achselhöhlen. "Was soll denn das?!" "Ich taue die Buletten für sie auf." "Wenn das so ist, nehme ich von der Bestellung des Würstchens doch lieber Abstand..."

3 Bazillen sitzen im Körper einer Frau und unterhalten sich. Sagt die 1. „Ich wohne im Ohr und jeden Abend kommt ein komisches Teil und kratzt mir meine ganze Tapete von der Wand." Sagt die 2. „Das ist doch noch gar nix, ich wohne im Mund und jeden Abend kommt eine Bürste und klaut mir meine ganze Inneneinrichtung." Sagt die 3. „Das ist doch alles noch gar nix. Ich wohne in der Vagina und jeden Abend kommt ein glatzköpfiger Punker und Kotzt mir die ganze Bude voll!!!"

Unterhalten sich zwei Frauen: "Mein Mann wird immer geiler. Beuge ich mich neulich über eine Tiefkühltruhe, da hebt er meinen Rock hoch und nimmt mich von hinten. Mein Gott, habe ich gestöhnt und geschrien." Die andere: "Ja und ? Das ist doch super, das hat meiner auch schon gemacht." Die erste: "Aber doch nicht im Aldi !"

Eine Frau sieht ihrer Untermieterin beim Kehren mit einem uralten Besen zu. Nach einer Weile sagt sie: "He Lieschen, hast aber ganz schön wenig Haare da unten." Rotanlaufend dreht sich die Mieterin um und sagt: "Ja, hast recht und sag deinem Mann er ist ein altes Tratschmaul"

Eine schüchterne junge Frau kommt zum Frauenarzt. "Ziehen Sie sich schon mal aus", sagt der aber sie ziert sich. Meint der Arzt: "Ich dunkle den Raum etwas ab, dann fällt es Ihnen leichter!" Sie willigt ein, und er lässt das Rollo herunter. Fragt sie: "Wo soll ich meine Sachen hinlegen?" "Gleich hier auf den Stuhl - auf meine!"

Kommt ein Mann zu einer Ärztin, „Frau Doktor mein linker Hoden hängt zu tief!"
Frau Doktor sieht sich das genau an und Prüft mit der Hand und wägt beide ab!
Das ist alles in Ordnung der eine Hoden hängt immer etwas tiefer! Zwei Tage später sitzt der Mann wieder im Wartezimmer „Frau Doktor auch meine Kollegen sagen der Hoden hängt zu tief." Frau Doktor prüft erneut mit demselben Resultat, „Alles in Ordnung!" Nach 3 Tagen dasselbe wieder. Nun wird es der Frau Doktor doch zu bunt. "Was soll das bloß ich habe ihnen schon zu wiederholten mal gesagt das alles in Ordnung mit ihnen ist, warum kommen sie denn immer wieder?" „Frau Doktor meine Frau ist vor einen halben Jahr gestorben und ich habe es doch so gern gehabt wenn sie ihn so gestreichelt hat!!!"

Fritz hat Andrea seit Wochen bearbeitet, bis er sie endlich auf seinem Zimmer hat. Er zieht die Hose aus und fragt sie: "Weißt du, was das ist?" "Ja das ist ein Pipimann." "Hör zu, Andrea, ab sofort wollen wir das einen Schwanz nennen, also was ist das?" "Hör mal, Fritz, ich habe schon viele Schwänze gesehen, aber das hier ist ein Pipimann!"

Vati, was hat den Mutti unter der Bluse? Das sind zwei Luftballons, und wenn sie mal stirbt, fliegt sie damit in den Himmel! Tage später kommt der Kleine: "Vati, Vati komm schnell, Mami stirbt!" "Wie kommst du denn darauf?" "Der Briefträger pustet gerade ihre Luftballons auf, und Mutti schreit immer: Oh Gott, Oh Gott, ich komme..."

Jane sieht, wie Tarzan sich an einem Astloch befriedigt. Da hebt sie ihren Rock und sagt: "Du Tarzan, das kannst du doch von mir auch haben!" "Ja kein Problem", sagt Tarzan und haut ihr aufs Schienbein. "Spinnst du", schreit sie.
"Warum", sagt er, "ich muss doch erst nachsehen ob ein Eichhörnchen drin sitzt."

Die Mutter ruft aus dem Zimmer hinunter: "Ist der Postbote schon gekommen?" Daraufhin die Tochter: "Nein, Mutti, aber er atmet schon ganz heftig."

Die Mutter ist mit ihrem Kind im Kaufhaus. Da sieht das Kind plötzlich ein tolles Lego Auto, welches es unbedingt haben will. Sagt die Mutter: "Du kriegst das Auto nur, wenn du mir einen Kuss gibst." Doch als sich das Kind weigert, fragt sie: "Warum willst du mir denn keinen Kuss geben?" Weil du heute Morgen Papas Pillemann im Mund hattest..."

Kommt ein Mann zum Arzt: "Herr Doktor, Herr Doktor, mein Schwanz tut so weh und ist ganz rot!" Sagt der Arzt: "Ah ja! Sagen sie mal, wie sieht denn ihr Sexleben aus?" Meint der Mann: "Also, ich hab dreimal am Tag Sex mit meiner Frau, dreimal täglich mit meiner Sekretärin und dreimal mit meiner Liebhaberin." Antwortet der Arzt: "Und das machen Sie wirklich jeden Tag?"
Mann: "Ja, siebenmal die Woche!" Arzt: "Na, dann ist es ja kein Wunder, dass ihr Penis schon ganz wund ist!" Mann: "Ach so! Ich dachte schon, das kommt vom Onanieren."

Kommt ein Schwarzer mit einer weißen Nase in die Kneipe, fragt der Wirt: "Wer bist du denn?" Sagt der: "Ich bin ein Neger aus Uganda und will eine Cola und eine Fanta!" Wenig später kommt ein Schwarzer in die Kneipe mit einem weißen Ohr, fragt der Wirt: "Wer bist du denn?" Darauf der: "Ich bin ein Neger aus Uganda und will eine Cola und eine Fanta!" Kommt wieder ein Schwarzer in die Kneipe, mit einem weißen Finger, sagt der Wirt: "Jaja, ich weiß, du kommst aus Uganda und willst eine Cola und eine Fanta."
Darauf der "Nein! Ich bin der Schornsteinfeger aus Schweinau und komm von deiner Frau."

Sitzt ein Hippie im Bus und fragt die neben ihm sitzende Nonne: " Willst du mit mir ficken "? Nein ich bin eine Nonne. Später als der Hippie aussteigen will hält ihn der Busfahrer an und sagt die Nonne geht heute zum Friedhof. Danke sagt der Hippie und geht. Am Abend springt er im Friedhof auf die Nonne und vergewaltig sie. Nach 5 Minuten heftigem Treibens. Hört er auf und sagt tja jetzt hab ich gefickt. Darauf die Nonne tja sagt die Nonne enthüllt sich und sagt ich bin der Busfahrer

Ein Paar lernt sich auf einer Party kennen und finden es da langweilig. So beschließen sie zu ihm zu gehen und Sex zu haben. Auf dem Weg zu ihm fällt ihr ein - Mist ich habe meine Periode. Naja was soll es. Am nächsten Morgen, sie ist schon weg, wacht er auf und sieht das Bett neben ihm ist leer, er denkt ...du hast doch letzte Nacht Sex gehabt oder? Da sieht er im Nachbarbett einen riesen Blutfleck und denkt auweia was habe ich nur mit der Frau gemacht?
So geht er in die Küche und stellt erleichtert fest, alle Messer noch da erstochen habe ich sie nicht.
Er tigert durchs Haus nach einem schweren Gegenstand und stellt fest, erschlagen habe ich sie nicht.
Dann kommt er am Spiegel vorbei und schreit , so ein Mist .....ich habe sie gefressen....

Stadtpark im Oktober: "Komm, lass es uns von hinten machen!" "Ach Karl, es ist zu kalt und das dauert zu lange." "Also gut, Missionar Stellung." Da bekommt sie plötzlich einen Scheidekrampf.
"Siehst du, hätten wir´s von hinten gemacht, hätten wir zusammen heimlaufen können!"

Andrew will im Sozialamt einen Seniorenpass beantragen. Die Frau am Schalter fragt ihn nach seinem Ausweis, um sein Alter zu überprüfen, aber er hat die Brieftasche zu Hause vergessen. Er will sie schnell holen, doch die Frau sagt: „Knöpfen Sie mal Ihr Hemd auf" Also öffnet er sein Hemd. Zum Vorschein kommt graues, krauses Brusthaar. „Das graue Haar reicht mir," sagt sie und nimmt seinen Antrag an. Zu Hause erzählt Andrew seiner Frau von dieser interessanten Altersbestimmung, doch die meint nur: „Du hättest auch deine Hosen herunterlassen sollen. Vielleicht hättest du dann sogar noch einen Behindertenausweis bekommen."

Kommt ein Mann in die Apotheke und sagt: Mensch ich bekomme morgen Besuch von 5 obergeilen Brasilianerinnen und brauche deshalb eine Packung Viagra. Er bekommt seine Packung und geht. Am nächsten Tag eine ewig lange Schlange in der Apotheke der Mann kommt rein und winkt schon von weitem, da ruft die Apothekerin: Ja, ja ich weiß wieder eine Packung Viagra. Der Mann: Nein, Nein, ne Tube Handcreme die Brasilianerinnen sind nicht gekommen.

Eine Lehrerin beschließt die Intelligenz ihrer Schüler zu testen: Sie fragt Hänschen: "Wenn auf einem Zaun 2 Vögel sitzen, und ich schieße zwei Mal, wie viele sind dann tot?" Hänschen: "Einer".
Die Lehrerin ist enttäuscht und fragt Hänschen noch einmal: "Wenn auf einem Zaun 2 Vögel sitzen, und ich schieße zweimal, wie viele sind dann tot?"
Hänschen: "Einer".
Die Lehrerin ist völlig verwirrt und fragt Hänschen: "Bitte erkläre mir, wie du auf diese Idee kommst, dass bei zwei Schüssen nur ein Vogel getroffen wird?"
Hänschen: "Ganz einfach, weil der andere nach dem ersten Schuss davonfliegt!" Meint die Lehrerin: "Fantastisch, ich mag die Art wie du denkst."
Meint Hänschen: "Da hätte ich aber auch eine Frage an sie, Frau Lehrerin. 3 Damen sitzen im Eissalon, eine leckt ihr Eis, die zweite beißt ihr Eis, und die dritte saugt an ihrem Eis. Welche der Frauen ist verheiratet?"
Die Lehrerin errötet und meint dann ganz leise: "Ich glaube, die, die am Eis saugt." Meint Hänschen: "Nein, es ist die, die einen Ehering trägt. Aber ich mag die Art, wie sie denken.

Warum sind Junggesellen schlanker als Ehemänner? Der Junggeselle kommt abends nach Hause, schaut in den Kühlschrank, da ist nichts Ordentliches drin und geht ins Bett. Der Ehemann kommt abends nach Hause, schaut ins Bett, da ist nicht Ordentliches drin und geht an den Kühlschrank.

Das Fritzle erwischt die Mutter wie sie gerade auf dem Vater reitet. Sagt Fritzle zur Mutter: " Mama was machst du denn da?" daraufhin die Mutter: "Ich tu im Papa den Bauch wegmassieren." Dann sagt Fritzle: "Mama das nutzt eh nix morgen kommt die Nachbarin und bläst ihn wieder auf.!!!"

In der Entbindungsstation: Das Kind ist schwarz, semmelblonde Ostfriesenhaare, chinesische Schlitzaugen! Sagt die Hebamme zur Mutter: "Wissen Sie, es geht mich ja nichts an, aber an ihrer Stelle wäre ich in Zukunft beim Gruppensex vorsichtiger!" Die junge Mutter grinst: "Was heißt hier vorsichtiger? Sie können froh sein, dass der nicht auch noch bellt!..."

Warum kriegen Frauen über 50 keine Periode mehr? - Weil sie das Blut für ihre Krampfadern brauchen.

Drei Frauen kommen an einer Liegewiese vor dem Tennisplatz vorbei. Dort liegt ein nackter Mann, der nur sein Gesicht mit einem Badetuch bedeckt hat. Die Erste Frau: "Jetzt habe ich einen Moment lang gemeint, das sei mein Mann!" - "Nein," sagt die Zweite, "Dein Mann ist es garantiert nicht!" Darauf die Dritte: "Ja stimmt, und einer vom Tennisclub ist es auch nicht!"

An der Straßenbahnhaltestelle steht ein kleiner Junge, neben ihm eine ältere Dame. Plötzlich lässt der Junge einen fahren. Darauf die Dame: "Hast wohl 'ne kleine Trompete in der Hose?" Sagt der Junge: "Nee, das mach ich alles mit dem Arsch.

Ein Ami, ein Deutscher und ein Araber unterhalten sich. Sagt der Ami: "Ich habe 6 Söhne, noch eins und ich hab eine Basketballmannschaft!" Antwortet der Deutsche: "Ich habe 10 Söhne, noch eins und ich habe eine Fußballmannschaft!" Erwidert der Araber: "Ich habe 17 Frauen, noch eine und ich habe einen Golfplatz !"

Trifft er seinen Freund auf einem Pferd. "Wo willst du denn hin?" "Ins Nachbardorf, meiner Freundin einen Heiratsantrag machen." "Auf einem Pferd ?" "Ja natürlich. Angenommen, sie lehnt ab. Wenn ich hingehe, wird man sagen, sie hat ihn gehen lassen. Wenn ich hinfahre, wird man sagen, sie hat ihn fahren lassen. Wenn ich hinreite, wird keiner was sagen!"

Klein Erna hat beim Baden den kleinen Unterschied zwischen sich und ihrem Bruder entdeckt. "Mutti," jammert sie, "Wann kriege ich denn auch sowas zwischen den Beinen?" "Geduld, mein Kind, nur Geduld."

Die hübsche Blondine zu ihrer Freundin: "Gestern Abend kam mein Chef zu mir und ist gleich über mich hergefallen!" "Hast Du Dich denn nicht gewehrt?" "Ging nicht - mein Nagellack war noch nicht trocken!"

Die Blondine und ihr Freund sitzen im Whirlpool. Fragt sie: "Ist das wirklich so, dass ich untergehe, wenn du deinen Finger rausnimmst?"

Der Pfarrer zu dem jungen Mädchen nach der Beichte: "Du hast ein großes Unrecht getan, Deine Unschuld für zwanzig Mark herzugeben." Flüstert das Mädchen: "Ich weiß, einen Tag später hätte ich hundert Mark mehr bekommen!"

Ein Polizist stoppt eine blonde Frau, die einfach etwas zu schnell gefahren ist. Polizist: "Entschuldigung, dürfte ich ihren Führerschein sehen?" Blondine: "Führerschein? Was ist das noch mal?" Polizist: "Dieses rosa Papier mit Ihrem Bild `drauf..." Blondine: "Ach so, ja... hier, bitte..."
Polizist: "Gut, in Ordnung. Dürfte ich bitte noch ihren Fahrzeugschein sehen?" Blondine: "Huh?" Polizist: "Dieser Schein, auf dem steht, dass dies hier Ihr Auto ist!" Blondine: "... Ach, ja, hier, vielleicht das hier?"
Naja, denkt sich der Polizist, mit diesem Hühnchen könnte ich etwas Spaß haben. Schwupps, öffnet er seinen Hosenschlitz und holt seinen Schwanz raus. Da ruft die Blondine genervt: "Oh, bitte nicht schon wieder ein Alkoholtest!"

Geht eine werdende Mutter mit dem werdenden Vater zum Arzt und fragt wie es mit dem Sex in der Schwangerschaft ausschaut, darauf der Arzt: „Im ersten Quartal ganz normal, im zweiten Quartal nur noch mit der Hundestellung und im dritten Quartal nur noch mit der Wolfstellung." Darauf fragt der Mann: was ist die Wolfstellung? Sagt der Arzt: „Sie legen sich neben das Loch und heulen!"

Klein Erna geht beim Vater ins Schlafzimmer und sieht dass der einen Ständer hat. Da fragt sie ihn: "was ist das?" Darauf der Vater "Das ist ein Zirkuszelt und jetzt geh bitte mal zur Mama und sag sie soll mir den Bären bringen."
Da geht Erna zur Mutter und sagt "Papa hat das Zirkuszelt aufgebaut und du sollst jetzt den Bären mitbringen". "Das geht heute nicht, der Bär hat Nasenbluten". Da rennt Erna zurück und ruft "Mama sagt, dass das nicht geht, der Bär hat Nasenbluten", da ruft der Vater "na dann soll wie wenigstens kommen und die Vorstellung Abblasen."

Unterhalten sich zwei Schwule Sagt der erste: "Du, ich versuche es mal wieder mit Frauen !" "Aber nein ." "Doch, ich versuche es mal wieder mit Frauen." Nach einer Weile treffen die sich wieder.
Der erste: "Also mit Frauen nie wieder." "Warum denn ?" "Ach, die haben keinen Busen und untenrum haben die auch nichts." "Du Dummerchen, du musst sie doch rumdrehen!"

Kommt ein Mann in eine Metzgerei und sagt: „ Ich hätte gerne 200 Gramm Leberwurst, und zwar von der fetten, groben!" Antwortet die Verkäuferin: „ Tut mir leid, die hat heute Berufsschule!"

Treffen sich zwei Männer. Beide haben über 10 Ehejahre auf dem Buckel. Fragt der eine: „ Du, hast du auch so wenig Sex wie ich?" Antwortet der Freund: „ Wenn meine Frau nicht mit offenem Mund schlafen würde, hätte ich überhaupt keinen Sex mehr!

Der Ehemann sitzt am Abend mit der Fernbedienung in der Hand in seinem Sessel vor dem Fernseher, als seine Frau plötzlich nackt vor ihm steht. Er fragt erschrocken: "Frau, was ist denn mit dir los? Sie antwortet: "Schatz, ich trage das Gewand der Liebe!" Er erwidert: "Hättest du das nicht vorher bügeln können."

Der Flugkapitän macht seine Durchsage und vergisst das Mikro auszuschalten. "Jetzt trinke ich erstmal einen Kaffee und dann kann mir die neue Stewardess einen blasen." Die Fluggäste hören natürlich alles mit. Die Stewardess rennt in Richtung Cockpit, da sagt eine ältere Dame: "Sie brauchen sich doch nicht so zu beeilen, er wollte doch erst einen Kaffee trinken."

Eine Nonne und drei Matrosen erleiden Schiffbruch und können sich auf eine einsame Insel retten.
Dort wird jegliches Gelübde fallen gelassen und lustig gerammelt. Nach vier Wochen ist die Nonne so von ihren Taten angeekelt, dass sie sich umbringt. Nach weiteren vier Wochen sind die Matrosen so von ihren Taten angeekelt, dass sie schließlich die Nonne beerdigen.

Eine Frau betrachtet im Museum drei Bilder. Auf dem ersten Bild ist ein verbranntes Brot zu sehen, auf dem zweiten eine Frau mit einem Kind auf dem Arm und auf dem dritten Bild ein Ertrunkener am Ufer. Fragt die Frau die Museumsaufsicht was die Bilder denn bedeuten sollen. Flüstert der Museumswächter ihr zu: "Zu spät rausgezogen..."

Die junge Frau hat einen neuen Liebhaber und nimmt ihn zum ersten Mal mit auf ihr Zimmer. Sie schlägt ihm vor, "69" zu machen. "Was zum Teufel ist das denn?" fragt der Liebhaber. Da er nicht sehr erfahren ist muss sie ihn behutsam in die Liebeskunst einführen. Sie antwortet: "Du legst Deinen Kopf zwischen meine Beine und ich meinen zwischen deine Beine!". Das versteht der Liebhaber ohne Probleme. Als sie nun gerade in Position liegen, unterläuft der Dame ein Malheur, ihrem Darm entweicht ein äußerst übelriechendes Lüftchen! Der arme Kerl fängt an zu husten und schmeißt sich auf die andere Seite des Bettes. Sie bittet ihn um Entschuldigung und schlägt vor, es noch einmal zu versuchen. Gesagt, getan. Nur, wie das Unglück es so will, wiederholt sich die Katastrophe. Dem Mann wird völlig übel, mit letzter Kraft richtet er sich auf und beginnt sich anzuziehen. Sie fragt: "Was ist denn los, warum willst du denn schon gehen?". Darauf er: "Du glaubst ja wohl nicht, dass ich mir auch noch die restlichen 67 reinziehe!"

Beim Tierarzt ruft aufgeregt eine Dame an. "Herr Doktor, der Köter vom Nachbarn ist auf meiner Fifi drauf! Was soll ich nur machen?" - "Vertreiben sie ihn mit einem Besenstiel!" - "Danke, Herr Doktor!" 10 Minuten später ruft die aufgeregte Dame wieder beim Tierarzt an. "Herr Doktor, der Köter vom Nachbarn ist noch immer auf meiner Fifi drauf! Was soll ich nur machen?" - "Nehmen sie einen Kübel Wasser!" - "Danke, Herr Doktor!" 10 Minuten später ruft die aufgeregte Dame erneut beim Tierarzt an. "Herr Doktor, der Köter vom Nachbarn ist noch immer auf meiner Fifi drauf! Was soll ich nur machen?"- "Sagen sie ihm, er wird am Telefon verlangt!" - "Und das soll funktionieren?" - "Bestimmt, bei mir hat´s jetzt auch dreimal funktioniert!"

Bauer Erwin liest in seiner Dorfzeitung, dass er durch Eigenbesamung seiner Schweine viel Geld sparen kann. Also packt er seine Schweine ins Auto und fährt mit ihnen zu einer kleinen Waldlichtung, wo er sich unbeobachtet fühlt. Dort angekommen nagelt er jedes Schwein durch und fährt wieder nach Hause. Abends stellt er sich den Wecker auf 4:00 Uhr, denn wie er gelesen hat, werden zu dieser Uhrzeit die Schweine quieken, wenn alles geklappt hat. Am nächsten Morgen um vier rennt er in den Stall und ... kein Quieken, nur ein müdes Grunzen.
Enttäuscht fährt er mit seinen Schweinen wieder zur Waldlichtung und nagelt jedes Schwein zweimal durch. Er geht früh zu Bett, denn so viel Nagelei macht müde. Um vier geht er in den Stall und wieder nichts. Ein letztes Mal, denkt er sich, fährt wieder mit den Schweinen zur Waldlichtung und nagelt alle Schweine dreimal durch.
Total fertig geht er abends zu Bett. Früh morgens um halb fünf kommt seine Frau ins Schlafzimmer gerannt und ruft: "ERWIN, ERWIN, die Schweine!" Erwin: "Ja, was ist? Quieken die Schweine?" Frau: "NEIN, sie sitzen im Auto und HUPEN!"

Eine Frau steht an der Haustür und versteckt hinter ihrem Rücken einen Vibrator, als ihr Mann nach Hause kommt. "Schatz, was ist passiert? Warum kommst du heute schon so früh, und warum weinst du?"
"Ich bin gefeuert", sagt der Mann, "man hat meinen Arbeitsplatz durch eine Maschine ersetzt!"

Der schlecht aufgeklärte Sohn heiratet. Der Vater verspricht, sich unters Bett zu legen und Anweisungen zu geben. Die Braut entkleidet sich und geht ins Bett. "Sohn?" "ja Vater?" "Zieh dich auch aus!" "Und jetzt?"
"Schmeiß dich auf sie!" Der Sohn schlägt mit dem Kopf auf die Bettkante: "Vater, es blutet" "Prima mein Sohn, mach weiter!" Boing, Boing, Boing....

Bernd hat zum ersten Mal eine Freundin. Er liegt neben ihr im Bett, aber sie stellt sich noch immer ziemlich zickig an. "Ach Mann, nix darf ich machen, darf ich wenigstens meinen Finger in deinen Bauchnabel stecken?" - "Meinetwegen!" Plötzlich ruft sie: "Bernd, das ist aber nicht mein Bauchnabel." - "Häh, häh, das ist auch nicht mein Finger!"

Eine Frau will Ihrem Mann ein Haustier kaufen. Sie geht in die Zoohandlung, aber sie findet alles sehr teuer. Als sie den Besitzer nach günstigeren Tieren fragt, bietet der Ihr einen Frosch für 30 Euro an. Sie wundert sich warum der Frosch auch so teuer ist. Der Zoohändler sagt, dass dies ein ganz besonderer Frosch sei. Er könnte nämlich Blasen. Die Frau zögert nicht lang und kauft den Frosch, mit dem Hintergedanken es nicht mehr selbst machen zu müssen. Sie überreicht den Frosch ihrem Mann. Dieser ist sehr skeptisch, will den Frosch aber auch gleich diese Nacht ausprobieren. Die Frau geht ins Bett und wacht um 2 Uhr morgens von lautem Klappern welches aus der Küche ertönt auf. Sie geht in die Küche und sieht ihren Mann und den Frosch beim Kochbuch durchblättern. "Warum blättert ihr zwei mitten in der Nacht in Kochbüchern?", fragt sie. Ihr Mann schaut sie an und sagt: "Wenn ich dem Frosch Kochen beibringen kann, fliegst Du raus!"

Die Kinder sollen als Hausaufgabe einen Vogel malen. Hein hat es recht schön gemacht, nur ist das Bild nicht ganz vollständig. "Sag mal, Hein, dein Vogel hat ja keine Beine und auch keinen Schwanz?" Da fängt Hein an zu heulen: "Als ich Mama fragte, wo man bei Vögeln die Beine hinmacht, hat sie mir eine geknallt - nach dem Schwanz wollte ich da erst gar nicht fragen!"

Das junge Paar unterhält sich auf einer Party, was man denn dazu sagen könnte, wenn man Lust aufeinander hätte. Es sei ja so peinlich, wenn andere es mitbekommen würden. Schließlich einigten sich beide darauf zu sagen 'lachen'. Das klappt bei der nächsten Party auch ganz hervorragend. Einige Wochen später fragt er zu Hause: "Ich hätte mal wieder Lust etwas zu lachen." - "Nee," wehrt sie ab, "ich habe Kopfschmerzen." Nach einer halben Stunde fragt sie ihn dann: "Na, hast du noch Lust ein wenig zu lachen?" Darauf er: "Zu spät, ich habe mir schon ein ins Fäustchen gelacht!"

Fragt ein Mann ein hübsches Frau: "Sagen sie, würden Sie für eine Millionen Euro mit einem ganz fremden Mann schlafen?" Die Frau antwortet: "aber natürlich, sofort." Meint der Man: "Und würden Sie für 15 Euro dann mit mir schlafen?"- "Also bitte, für was halten Sie mich denn?" Sagt der Mann: "Na, das haben wir doch schon längst geklärt. Jetzt verhandeln wir doch nur noch über den Preis!"

"Also Mama," meint die Tochter, "das mit dem Befruchten habe ich jetzt verstanden. Papas Samen muss an eines deiner Eier kommen, und dann entsteht ein Kind. Aber was ich nicht verstehe: wie kommt denn der Samen bis an das Ei? Musst du den schlucken, wenn du ein Kind willst?" Da meint Papa aus dem Wohnzimmer: "Nee, schlucken muss sie ihn nur, wenn sie ein neues Kleid will."

Im Mittelalter fährt eine Postkutsche durch den Wald. Plötzlich kommt ein Räuberhauptmann aus dem Gebüsch gesprungen und schreit: "Alle Mann aussteigen!". Ein kleiner Junge fragt: "Die Großmutter auch?" Der Räuberhauptmann: "Alle hab ich gesagt". Der Räuberhauptmann weiter "Jetzt müssen sich alle Frauen nackt ausziehen". Der Junge wieder "Die Großmutter auch?" Der Räuberhauptmann: "Alle hab ich gesagt". Alle ziehen sich aus. Der Räuberhauptmann weiter: "Jetzt werden alle Frauen gefickt!" Der Junge fragt ängstlich: "Die Großmutter auch?" Ruft die Großmutter: "Junge halt das Maul, alle hat er gesagt!"

Der Gärtner des Nonnenklosters ruht sich mittags im Garten etwas aus -

nackt! - Kommt 'ne Nonne vorbei und fragt, was er denn da an einer gewissen Stelle schönes habe. "Das ist der Baum des Lebens, wenn du ihn streichelst, wächst er!" Nach einer Weile erscheint die Nonne bei der Oberin: "Unser Gärtner ist ein Heiliger, er hat den Baum des Lebens zwischen - na da halt!" Erwidert die Oberin: "Das ist ein Schwindler! Zu mir hat er gesagt, das sei die Trompete von Jericho, und ich hab´ eine halbe Stunde darauf geblasen und keinen Ton rausgekriegt!"

Kommt ein Opa in den Puff und erkundigt sich bei der Puffmutter nach den Preisen. Puffmutter: "100 im Bett, 50 im Stehen, 10 auf dem Teppich!"
Der Opa legt einen Hunderter auf den Tresen. Puffmutter: "Na, noch ein gepflegtes, letztes Nümmerchen schieben?" Opa: "Nix da - zehnmal auf'm Teppich!"

Der niedergeschlagene Ehemann leert den dritten Doppelten. "Was ist denn mit dir los?" fragt sein alter Freund. "Ach weißt du" stöhnt der Ehemann, "ich komme gestern Abend nach Hause, läute, die Tür wird geöffnet, der Flur ist dunkel, ich denke es ist unser Mariechen und will sie küssen." Der Ehemann seufzt. "Na und?" fragt der Freund. "Na und? Es war nicht Mariechen, es war meine Frau. Sie stößt mich sanft von sich und sagt: ´Bitte nicht jetzt, Liebling, mein Mann muss gleich kommen...´"

Letzen Sommer im Urlaub saß ich neben einem Schwarzen am Pool. Der Schwarze sagte zu mir. "Ich kann dir die Wassertemperatur sagen, indem ich meinen Penis ins Wasser halte - ... 24,6°C" Ich hing meinen Penis ins Wasser und antwortete ihm "... der Pool ist 1,60m tief"
Der Beamte kommt zum Arzt und lässt sich untersuchen. Er sagt: "In letzter Zeit fühle ich mich wie gerädert!" - "Arbeiten Sie zu viel?", fragt der Arzt. "Ach, das geht eigentlich, Herr Doktor, vor einem Jahr mussten wir mit Mehrarbeit noch ca. 42 Wochenstunden arbeiten und heute sind es nur noch 37,5 Stunden." "Sehen Sie", sagt der Arzt, "Ihnen fehlen wahrscheinlich diese 4,5 Stunden Schlaf!"

Ein Paar beschließt wegen der Kinder ein anderes Wort für Sex zu benutzen: Schreibmaschine. Also sitzen sie am Mittagstisch, der Mann sagt: "Du, darf ich Schreibmaschine schreiben?" Sie: "Leider nein, ich habe gerade das rote Farbband drin." Zwei Tage später. Sie zu ihm: "Du Schatz, heute kannst du Schreibmaschine schreiben." Er: "Och, danke aber ich habe es mir selbst getippt."

Rotkäppchen spaziert durch den Wald, als plötzlich der böse Wolf hinter einem Busch hervorspringt und sagt: "Jetzt fresse ich dich!" Rotkäppchen mit zitternden Knien: "Ach, böser Wolf, ich bin noch so jung, erfüll mir bitte noch einen Wunsch, bevor ich sterben muss." "Na gut, aber danach fresse ich dich!" Rotkäppchen ganz schüchtern: "Ich bin noch Jungfrau, kannst du es mir kräftig besorgen?" Gierig springt der Wolf auf Rotkäppchen und vögelt sie. Rotkäppchen ist so unersättlich, dass der böse Wolf nach dem vierten Mal vor Erschöpfung tot umfällt. Als Rotkäppchen sich angezogen hat und trällernd weiterspaziert, springt der Förster hinter einem Busch hervor und schreit sie an: "Jetzt bist du dran, Rotkäppchen! Das war schon der vierte Wolf in dieser Woche."

Der Papst leidet an einer schrecklichen Krankheit und liegt im Sterben. Die Ärzte wundern sich und können nix finden bis auf einen. Arzt: "Paul, ich muss dir sagen du hast einen Samenstau. Wenn der nicht weggeht dann stirbst du. Aber du kannst den Samenstau nicht mit der Hand wegbringen, da muss schon eine Frau ran!" Papst: "Gut, dann bringt mir eine Frau die blind ist, damit sie mich nicht sieht. Sie muss auch taub sein, damit sie mich nicht an meiner Stimme erkennen kann. Und dann muss sie natürlich stumm sein, damit sie nichts darüber erzählen kann." Arzt: "Noch irgendeinen Wunsch?" Papst: "Ja, große Titten muss sie haben!"

Eine Frau kommt in die Apotheke und verlangt eine Packung Tampons. Der Apotheker geht in den Nebenraum und kommt mit einer Packung Tempotaschentücher zurück. Sagt sie: "Sie müssen mich falsch verstanden haben, ich wollte Tampons und keine Tempos!" Er, sie von oben bis unten musternd: "Doch ich habe sie schon richtig verstanden, aber, sie sehen so alternativ aus und ich dachte sie drehen selber..."

Ein junger Mann hatte drei Freundinnen, und musste sich entscheiden, welche der drei er heiraten sollte. Er machte einen Test und gab jeder der drei

Frauen 1000 Dollar. Die erste Freundin kaufte sich neue Kleider und Schuhe, ging zum Coiffeur und zur Kosmetikerin. Sie kam zu dem jungen Mann zurück und sagte: "Ich will die Schönste sein für dich, weil ich dich liebe!" Die zweite Freundin kam mit einer neuen Hockeyausrüstung zurück, einem neuen Videogerät, und einem Monatsvorrat an Bier und sagte "Das sind meine Geschenke für dich, weil ich dich liebe!" Die dritte Freundin machte eine gut überlegte Investition mit den 1000 Dollars, und innerhalb kurzer Zeit verdoppelte sich das Geld. Den Profit investierte sie wieder, dieser wiederum rentierte nochmals und so weiter. Sie ging zu ihrem Freund und sagte "Ich habe dein Geld genommen und es vermehrt, für unsere gemeinsame Zukunft, weil ich dich liebe!" Der junge Mann war sehr beeindruckt von allen drei Freundinnen. Er zog sich eine Weile zurück und überdachte alle Antworten. Nach reiflicher Überlegung heiratete er die mit den größten Titten.

Der Student verbringt seine Nachmittage vorwiegend damit, im Keller chemische Substanzen zu mischen. Eines Tages kommt der Vater runter, als der Sohn gerade etwas in die Wand schlägt. "Stefan, klopf doch bitte keine Nägel in die Wand." - "Das ist kein Nagel, Dad. Das ist ein Wurm. Ich habe eine Salbe entwickelt, die alle Dinge hart wie Stein macht."
"Weißt du was, Sohn", meint Vater mit plötzlichem Interesse, "du gibst mir die Salbe und ich kauf dir ein Auto." Als Stefan am nächsten Tag von der Uni kommt, stehen zwei nagelneue Autos in der Einfahrt. "Dad, wozu die Autos", fragt er. "Oh, die sind beide für dich, mein Sohn. Der Golf ist von mir und der Mercedes von deiner Mutter."

Drei Männer brüsten sich, wer der beste im Bett sei. Der erste: "Ich hab gestern Nacht dreimal mit meiner Frau geschlafen und heute Morgen hat sie mir ins Ohr geflüstert, dass ich der tollste sei!"
Der zweite: "Ich habe letzte Nacht 5 mal mit meiner geschlafen. Heute Morgen hat sie mir zugestanden, dass ich der beste Liebhaber aller Zeiten bin!" Der dritte: "Ich hab letzte Nacht einmal mit meiner Frau geschlafen!" - "Was, nur einmal? Und was hat sie heute Morgen gesagt?" - "Hör nicht auf!"

Schneewittchen ist schon lange bei den 7 Zwergen, und ist total spitz. Sie fragt sich da die Zwerge es noch nie bei ihr probiert haben, ob sie nie Sex haben. Deswegen fragt sie den Oberzwerg, ob denn die Zwerge keinen Sex haben? Der Zwerg nimmt sie bei der Hand und führt sie in den Wald, nach einer halben Stunde kommen sie an einer Eiche an, der Zwerg zeigt ihr 7 Löcher in der Eiche, sie ist fassungslos das die Zwerge lieber einen Baum vögeln statt sie. Sie wartet noch 2 Tage, dann schmeißt sie sich nach dem Essen auf den Boden und reißt sich die Kleider vom Leib und schreit: "LOS Zwerge, macht es mir, wie dem Baum!!!" Ein Zwerg tritt vor, sie spreizt die Beine, der Zwerg holt aus und tritt ihr mit voller Wucht in den Unterleib. Sie krümmt sich vor Schmerzen und fragt weinend: "Was sollte das?" Der Zwerg antwortet "ich muss doch nachschauen ob ein Eichhörnchen drin ist".

Egon tanzt mit Eva ganz eng. Plötzlich greift Eva sich in den Ausschnitt, holt ihre rechte Brust heraus und fragt ihren Tänzer: "Ist die etwa platt?" "Nein, nein", stammelt der.
Daraufhin holt sie die andere heraus, hält sie ihm hin und fragt: "Und, ist die etwa platt?" Egon wird krebsrot und schüttelt den Kopf. "Also bitte, dann können Sie ja Ihren Wagenheber auch wieder einziehen!"

Ein Mann ist zur Untersuchung beim Arzt. Dieser meint anschließend: "Es geht mich zwar nichts an, aber sie haben den kleinsten Schniedelwutz, den ich je gesehen habe."
„Wie kommen Sie damit zurecht?" "Ach, ich habe keine Probleme. Bin verheiratet, habe 7 Kinder, ein erfülltes Liebesleben. Nur manchmal am Tage, da habe ich Probleme, ihn zu finden." "Und nachts?" "Nachts suchen wir immer
zu zweit!"

In einem Altersheim freundet sich ein Witwer mit einer Heiminsassin an. Er erzählt ihr, dass seine frühere Frau ihm jede Nacht den Penis gehalten habe, damit er leichter einschlafe. Sie tut das gleiche für ihn, und wirklich, er schläft jede Nacht schnell ein. Nach einer Woche sagt er bedauernd: "Tut mir leid, ich habe eine neue Partnerin gefunden!" "Was hat sie was ich nicht habe?" "Zittrige
Hände!"

Drei Matrosen kommen vom Schiff und steuern direkt auf ein Bordell zu. Der eine hat noch 10 EURO, der andere 20 EURO und der dritte noch 30 EURO. Der mit 10 EURO geht hinein und kommt nach 15 Minuten heraus: "Das war prima, phantastisch. Nachdem er stand, schob die mir ein Ananasstück darüber, knabberte die Ananas ab und lutschte den Rest noch auf." Der mit 20 EURO geht hinein und kommt nach 20 Minuten heraus: "Das war saustark. Nachdem er stand, schob die mir ein Ananasstück darüber, legte eine Kirsche dazu, knabberte die Ananas und die Kirsche ab und lutschte den Rest noch auf. Phantastisch." Der mit 30 EURO geht hinein und kommt nach 60 Minuten heraus: "Scheißdreck. Nachdem er stand, schob die mir ein Ananasstück darüber, legte eine Kirsche dazu und sprühte einen dicken Sahnekranz darum. Und weil das so toll ausgesehen hat, habe ich selbst gleich reingebissen..."

Drei Nonnen kommen in den Himmel und werden am Tor von Petrus empfangen. Petrus fragt die erste, was das Schlimmste gewesen sei, das sie getan hätte und sie sagt: "Ich habe nur einmal ein männliches Glied berührt." Petrus: "Na gut, wasch dir deine Hände in Weihwasser und du kannst in den Himmel. Petrus zur zweiten: "Und was hast du gemacht?!" Die Zweite will gerade antworten, da fällt ihr die dritte ins Wort: "Moment, Moment bevor du dir den Hintern wäschst, lasse mich erst denn Mund ausspülen..."

Der Aufkäufer für Schweinsborsten und Rosshaare kommt auf den Bauernhof. Mein Abwiegen fehlen genau 20 Gramm, um die Ladung komplett zu machen. Der Bauer rennt mit einer Schere in die Küche, dort sitzt der Opa, dem wird der Bart abgeschnitten, mit rauf auf die Waage, jetzt stimmt's. Nach 14 Tagen sitzt Opa auf dem Kirschbaum. Oma:"
Warum sitzt Du denn da oben?" Opa: " Na heute kommt der Eiermann!!

Kommt eine Frau zum Frauenarzt und sagt: "Herr Doktor, Herr Doktor, ich bekomme meinen Vibrator nicht mehr raus." "Kein Problem", meint dieser, "setzen Sie sich hier in den Stuhl." Sie setzt sich in den Frauenarztstuhl und macht die Beine breit. Der Doktor puhlt drin rum und macht und tut. Nach zehn Minuten sagt er: "Gute Frau, ich krieg ihn auch nicht raus, aber ich hab ihn so hingedreht, dass Sie die Batterien wechseln können..."

Ein junges Mädchen hat mit ihrem Auto einen Platten in der Prärie. Ein Indianer findet sie und nimmt sie mit auf seinem Pferd. Aller paar Minuten stöhnt er laut. Schließlich setzt er sie an einer Tankstelle ab und entfernt sich mit einem letzten Juuuuhuuuu. Fragt der Tankwart: "Was haben Sie denn mit dem gemacht?"
" Nichts, ich habe hinter ihm gesessen und mich am Sattelknauf festgehalten"
"Junge Frau, Indianer reiten ohne Sattel!"

Klein Erna sitzt in der Schule und bekommt zum ersten Mal Ihre Tage. Da Sie nicht weiß, was das ist, fängt Sie fürchterlich an zu weinen. Die Lehrerin fragt, was denn los sei, sieht das Dilemma, und schickt Sie nach Hause, wo Ihre Mutter sie dann aufklären solle.
Auf dem Gang begegnet sie Klein Fritzchen, der natürlich neugierig wie er ist gleich fragt, was denn los sei. "Ich blute da unten, und die Lehrerin hat mich nach Hause geschickt, damit mir die Mama erklären kann, was los ist." Fritzchen hebt das Röckchen hoch und meint fachmännisch: "Klarer Fall, Sack abgerissen...."

Eine Omi vor einem Kinderwagen: "Süß, der Kleine! So nett! Wie geleckt!"
Die Mutter wird rot: "Naja, ein bisschen Bumsen war auch dabei!"

Frauchen steigt aus der Badewanne, rutscht aus und die Schnecke saugt sich am Boden fest. "Ich hole sofort einen Doktor" sagt der bestürzte Ehemann und hechtet sich ans Telefon... Der Notarzt kommt und stellt fest: "Wir müssen hier den Fußboden rundherum aufhacken, um Ihre Frau wieder freizubekommen!". Der Mann fängt an zu jammern: "Um Gottes willen, der qm kostet hier 73 EURO!"
Der Notarzt überlegt und sagt dann: "Fassen sie ihre Frau mal ein bisschen an die Titten, dann wird die Schnecke feucht und sie können sie in die Küche schieben - dort war der Fußboden bestimmt nicht so teuer..."

Die Mutter klärt die Tochter auf: "Dort wo der Samen reinkommt, kommt auch das Baby raus." Entsetzt greift sich die Tochter an den Hals: "Scheiße, das wird eng!"

Hygienekontrolle beim Bund. Der Hauptmann steht vor den Rekruten und brüllt: "Hosen runter!" Dann geht er zum ersten und kommandiert: "Vorhaut zurück, Vorhaut vor!" Beim zweiten: "Vorhaut zurück, Vorhaut vor!" Beim dritten: "Vorhaut zurück, Vorhaut vor!" Beim 99sten angekommen, kommandiert er: "Vorhaut zurück". Darauf verdreht der Rekrut seine Augen und schleudert ein schleimiges Etwas auf die Uniform des Hauptmanns. Der Hauptmann: "Sie altes Schwein, Sie können mich doch nicht einfach anwichsen!" Antwortet der Rekrut: "Entschuldigung Herr Hauptmann, habe die Übung von Anfang an mitgemacht."

Schneewittchen zieht sich mit ihrem Prinzen ins Schlafgemach zurück. Die sieben Zwerge wollen gerne wissen, was hinter der abgeschlossenen Tür so vor sich geht... Sie stellen sich übereinander, so dass ein Zwerg durch das Schlüsselloch gucken kann. "Er zieht sie aus!", sagt er zu seinem Untermann. Der gibt dies weiter an den nächsten Zwerg, usw.: "Er streichelt sie!" "Er streichelt sie!" "Er streichelt sie!" "Er streichelt sie!" ... "Er steckt ihn rein!" "Er steckt ihn rein!" "Er steckt ihn rein!" "Er steckt ihn rein!" ... "Ihm kommt es!" "Mir auch!" "Mir auch!" "Mir auch!" "Mir auch!"...

Drei Nonnen sind bei der Oberin zur Beichte. Sagt die Erste: "Ich habe ein männliches Glied gesehen!" Oberin: "Wasch dir die Augen und bereue!" Sagt die Zweite: "Ich habe ein männliches Glied berührt!" Oberin: "Wasch dir die Hände und bereue!" Die Dritte steht auf und will gehen. Oberin: "Wo willst du denn hin?" - "Gurgeln und bereuen!"

Kommt eine Frau mit ihrem 5 Jahre alten Sohn zum Frauenarzt. Der Arzt ist etwas verwundert lässt die zwei dann aber ins Sprechzimmer. Er will testen, ob der Kleine schon aufgeklärt ist. Er untersucht die Mutter obenrum und fragt: "Was hab ich denn eben gemacht?" Der Junge meint: "Du hast Mama an den Glocken rumgespielt." Der Arzt grinst und untersucht die Mutter untenrum auch noch mit den Worten: "Und was hab ich jetzt gemacht?" "Jetzt hast du Fellatio mit Mami gemacht" Der Doktor ist sichtlich verwirrt und nimmt die Mutter richtig ran. Er vergewaltigt sie fast auf dem Stuhl. Dann will er wissen: "Und was hab ich jetzt gemacht?" "Also jetzt hast du dir einen gescheiten Tripper eingefangen, deswegen sind wir nämlich hier!"

Ein Ehepaar musste den Urlaub unterbrechen, um den Zahnarzt aufzusuchen. Als sie aufgerufen werden, geht die Frau in den Behandlungsraum. "Ich möchte einen Zahn ziehen lassen, aber ohne Betäubung.", sagt die Frau. Der Zahnarzt fragt ungläubig: "Wirklich, ohne Betäubung?". "Ja, natürlich.", erwidert sie. "Und bitte nur mit einer einfachen Zange, ich mag das neumodische Zeug nicht. Einfach rein in den Mund. Richtig gehebelt und raus mit dem Backenzahn!" Der Arzt staunt: „Sie sind wirklich tapfer. Dann setzen Sie sich doch bitte auf den Behandlungsstuhl." "Wieso ich? Mein Mann hat die Zahnschmerzen..."

In einem Dorf in Afrika lebt als einziger Weißer ein Missionar. Eines Tages kommt ein Eingeborener zu ihm und fragt: "Wie kann es sein, dass meine Frau gerade ein Kind bekommen hat, das nicht so schwarz ist wie ich, sondern weiß?" Der Missionar schaut ihn lange an und überlegt, wie er die Sache mit den Genen und den Mutationen usw. erklären soll, und dass so etwas in hunderten von Jahren schon einmal vorkommen könne. Da fällt sein Blick auf die große Schafherde die gerade an seiner Hütte vorbeizieht. "Schau diese Schafe" sagt er, "sie sind alle weiß nur dort hinten sehe ich ein schwarzes Schaf, es ist das einzige in der gesamten Herde..." "Ja, ja, schon gut.", unterbricht ihn darauf der Eingeborene, "Alles klar. Ich sage nichts mehr, und du verrätst mich auch nicht..."

Ein Vater will herausfinden, wie viel seine 6-, 10- und 14 jährigen Töchter bereits über Sex wissen. Er geht also zu seiner ältesten Tochter, lässt die Hosen runter und fragt sie, was das da unten sei. Tochter: "ein Penis!" Vater: "und was macht man damit?" Tochter: "Ficken!" Der Vater verpasst ihr eine Ohrfeige: "Schäm dich! Du bist doch noch zu jung dafür!" Nun geht er zu seiner 10-jährigen Tochter und lässt wieder die Hosen runter: Vater: "Was ist denn das?" Tochter: "Ein Penis!" Vater: "Was macht man damit?" Tochter: "Ficken!" Der Vater teilt wieder eine Ohrfeige aus und sagt: "Schäm dich! Du bist doch noch viel zu jung für so was!"
Dann geht er zu seiner jüngsten Tochter und dasselbe Spielchen beginnt: Hosen runter und die Frage: "Was ist das?" Tochter: "ein Penis!" Vater: "was macht man damit?" Tochter: "spielen!" Vater: "Spielen? Was meinst du damit?" Tochter: "na spielen eben. Zum Ficken ist er zu klein!"

Ein Teenager kommt abends nicht zur vereinbarten Zeit nach Hause. Der Vater bleibt noch wach, um seinen Sohn zur Rede zu stellen. Er wartet und wartet...um halb 5 schließlich kommt der Sohn nach Hause. Der Vater fragt verärgert, wo er denn so lange gewesen sei. Daraufhin stammelt der Sohn verlegen: "Ich...äh...ich bin keine Jungfrau mehr!" Der Vater ist plötzlich gar nicht mehr verärgert und sagt: "Na prima, Junge, setz dich, darauf trinken wir einen!" Sohn:" Trinken gerne, aber bitte nicht hinsetzen..."

Manfred sitzt im Cafe und hat schnell bemerkt, dass das Mädchen ihm gegenüber keinen Slip anhat. Geschickt zieht er sich Schuhe und Socken aus und fängt mit seinem großen Zeh an, bei dem Mädchen zu spielen. Eine Woche später muss er zum Arzt, weil er ein Jucken am Zeh verspürt. Der Arzt untersucht ihn und sagt: "Tja, tut mir leid, aber sie haben Tripper am Zeh." Manfred: "Aber Herr Doktor, sowas gibt es doch gar nicht!" "Haben sie eine Ahnung, gestern war nämlich ein Mädchen hier, die hatte Fußpilz an ihrer Muschi

Ein Bauarbeiter reißt in einem Bordell Trennwände raus. Da die Puffmutter gerade knapp bei Kasse ist, bietet sie dem Arbeiter an, die Rechnung gegen Sex einzulösen. Der Arbeiter erklärt sich einverstanden. Er steckt seinen Daumen in ihren A***h und seinen Zeigefinger in ihre M****i. "Entweder ich bekomme jetzt meine Kohle, oder ich reiße diese Trennwand auch noch raus!"

Ali ruft morgens früh seinen Chef an: "Du Chef, kann heute nicht zur Arbeit kommen. Ich habe fürchterliche Kopfschmerzen." Sagt der Chef: "Ach Ali, ich gebe dir einen Tipp. Immer wenn ich Kopfschmerzen habe, fahr ich zu meiner Frau und Poppe sie ordentlich durch. Danach sind die Kopfschmerzen weg und ich kann gut gelaunt zur Arbeit gehen." "O.K. Chef, probiere ich aus."
Zwei Stunden später erscheint Ali auf der Arbeit. Als der Chef ihn sieht: "Na Ali, hat geklappt, wie?" "Ja Chef, danke. Aber eins muss ich noch sagen. Schönes Haus hast du."

Manni kommt nach Wuppertal und denkt sich: "Boah, fliegende Busse, hier bleibe ich!" Er sucht sich Arbeit: 20 Stunden pro Woche, 100.000 EUR Jahresgehalt. Er denkt sich: "Geile Stadt. Fliegende Busse, Superjobs." Er sucht sich eine Wohnung: 260 m², Parkett, Pool, Sauna, Hausangestellte, 250 EUR warm. Er denkt sich: "Geile Stadt. Fliegende Busse, Superjobs, billige Wohnungen. Fehlt bloß noch eine Frau." Er geht zur Zeitung und will eine Anzeige aufgeben, Kategorie: "Suche Frau." Fragt ihn die Mitarbeiterin der Zeitung: "Ein- oder zweispaltig?" Manni: "Boah ey!!!"

Peter besucht seinen Arbeitskollegen, der letzte Woche vom Dach gefallen war und nun von der Hüfte abwärts in Gips steckt. Nur die Füße schauen unten raus. "Ich friere so", jammert er, "Geh doch bitte rauf ins Schlafzimmer und hol mir meine Hausschuhe" Peter geht hinauf und trifft oben die wundervoll gewachsenen 25-jährigen Zwillingstöchter seines Arbeitskollegen. "Hallo, Mädels", sagt er, "euer Vater hat mich raufgeschickt, damit ich euch beide richtig durchbumse!" "Lüge, Unverschämtheit!", kreischen die beiden. "Na gut", sagt Peter, "wenn ihrs nicht glaubt....... "Er ruft die Treppen runter: "Beide? „ Und der Eingegipste schreit zurück: "Natürlich beide!!"

Ein Trucker fährt genervt und gelangweilt über die A4. Als er rechts am Standstreifen ein rotes Männlein sieht hält er an und fragt "Kann ich dir helfen?" darauf das rote Männlein "Ich hab Hunger, ich hab Durst und ich bin schwul!" Der Trucker zeigt sich hilfsbereit und gibt dem Männlein ein Brötchen, eine Flasche Wasser und einen Analfick. Als der Trucker dann weiter fuhr stand nach 2km ein blaues Männlein an der Straße und der Trucker hält abermals an und fragte "Na wie kann ich dir denn helfen?" das Männlein "Ich hab Hunger, ich hab Durst und ich bin schwul!" Der Trucker natürlich hilfsbereit und gibt dem Männlein Brot, Wasser und einen Analfick. Nach abermals 2 km Fahrt stand ein grünes Männlein am Straßenrand und der Trucker hielt an, überlegte kurz und sagte "Na du Gaylord, willste mal an meiner Laugenstange lutschen und mein Saft trinken, ich könnte dich auch in den Arsch pimpern..!" darauf räusperte sich das grüne Männlein und sagte "Aussteigen, Hände aufs Dach, Beine auseinander!"

Eine Oma wird 100 Jahre alt. Es gibt eine große Geburtstagsfeier, sogar der

Bürgermeister kommt und gratuliert. Auch ein Lokalreporter ist da und interviewt die Oma. Frech fragt er: "Mensch Omchen, wann haste eigentlich das letzte Mal Sex gehabt?" Sagt die Oma: "Neunzehnfünfundvierzig!" Antwortet der Reporter: "Mann, das ist aber lange her!" Antwortet die Oma: "Wieso, ist doch erst zwanzig Uhr!" Der Arzt zieht seine Hose runter und besorgt es der Frau. Danach schickt er sie zu seinem Kollegen einen Raum weiter, der soll sich das auch noch mal anschauen. Der Kollege hat dieselbe Diagnose und dieselbe Therapie. Auch dieser schickt sie zu seinem Kollegen ein Raum weiter, damit der sich das noch mal anschaut. Die dritte Diagnose lautet: "Ganz klar sie haben zu viel Sex!" "Aber ihre Kollegen haben gesagt, ich hätte zu wenig Sex!" "Ach junge Frau, hören sie doch nicht auf die Maler..."

Ein junges Pärchen hat sich grad kennen gelernt und will ohne Wenn und Aber sofort heiraten. Sie besteigen den ersten Flieger nach Las Vegas. Vor dem Standesamt: Sie: "Du, was du hier oben siehst, ist alles Schaumstoff, ich bin eigentlich flach wie ein Brett!" Er: "Das macht nichts, ich lieb dich wie du bist! Aber ich bin unterrum wie ein Baby!" Sie: "Ich lieb dich auch so wie du bist!" Im nächsten Hotel zieht sie sich nach der Trauung aus und ist wirklich flach wie ein Brett, als er sich auszieht fällt sie in Ohnmacht. Nach 15 Minuten wird sie wieder wach und er fragt sie was denn los sei. Darauf Sie: "Du hast gesagt, du siehst unterrum aus wie ein Baby, aber wer rechnet denn mit 53 cm und 3 1/2 Kilo!?"

Eine Frau lässt sich von ihrem Arzt ein Mittelchen für ihren Mann geben, weil der im Bett nicht mehr so richtig will. „Am besten" sagt der Arzt, „mengen Sie es Ihm ins Essen." 'Hm' denkt sich die Frau, 'in der Suppe fällt es ihm bestimmt nicht auf.' Als ihr Mann abends von der Arbeit kommt, empfängt sie ihn mit der Frage: „Liebling - möchtest du heute Suppe essen?" „Nein" sagt er, „ich hab eigentlich mehr Lust auf Würstchen." Die Frau ist natürlich nicht auf den Kopf gefallen und mischt das Zeug in den Senf. Sie stellt ihrem Mann das Essen hin, geht ins Schlafzimmer, zieht sich aus und legt sich ins Bett. Nach wenigen Minuten vernimmt sie lautes Gelächter aus der Küche. „Schatz, komm her und sieh dir das an!", ruft ihr Mann, „jedes Mal, wenn ich das Würstchen in den Senf tunke, zieht sich die Pelle zurück."

Ein Mann kommt in einen Waffenladen und verlangt ein neues Zielfernrohr.

Der Verkäufer gibt ihm eines und sagt dazu: "Dieses Zielfernrohr ist so gut, damit können sie mein Haus drüben auf dem Hügel sehen. Probieren sie es aus." Der Mann nimmt das Zielfernrohr, sieht in die angedeutete Richtung und beginnt zu lachen. Der Verkäufer wundert sich und der Mann erklärt: "Ich kann eine nackte Frau und einen nackten Mann in dem Haus herumlaufen sehen." Der Verkäufer sieht selbst durch das Rohr. Dann gibt er dem Mann zwei Patronen und macht ihm einen Vorschlag: "Sie bekommen dieses Zielfernrohr umsonst, wenn sie dem Mann den Schwanz abschießen und der Frau den Kopf." Der Kunde sieht ein weiteres Mal durch das Rohr und meint: "Wissen sie, ich glaube, das schaffe ich auch mit einem Schuss..."

Angelika kommt aus dem FKK-Urlaub zurück kurz darauf steht fest: Sie ist in anderen Umständen. "Von wem hast Du das Kind?" stellt ihr Vater sie zur Rede. "Vermutlich von diesem Herrn Ederl." "Was soll das heißen?!" "Ich bin mir nicht sicher Papa, aber da war ein Herr Ederl aus München, der ist beim Bockspringen nie rübergekommen."

Wann ist ein Mann einen Euro wert? Wenn er einen Einkaufswagen vor sich herschiebt!

Warum haben Frauen so kleine Hände? Damit sie beim Putzen besser in die Ecken kommen!

Welcher Tag ist der arbeitsintensivste für einen Beamten? Der Montag, da muss er gleich zwei Kalenderblätter abreißen.

Wie kann man eine Blondine montagmorgens zum Lachen bringen? Freitagabends einen Witz erzählen!
„Meine Frau schreit immer, wenn sie kommt." – „Meine nicht, die hat einen Haustürschlüssel."

Nach der goldenen Hochzeitsfeier liegt das alte Ehepaar im Bett. Die Gäste sind - genauso wie vor 50 Jahren - bei ihnen im Haus einquartiert. Sagt der

Mann zu der Frau: "Kannst Du Dich noch erinnern Schatzi, vor 50 Jahren unsere Hochzeitsnacht? Ich hab mir in den Finger geschnitten, damit alle glaubten, du wärst noch Jungfrau!" Daraufhin fragt sie ihn: "Verlangst du jetzt von mir vielleicht, dass ich mich ins Leintuch schnäuzen, damit alle glauben du kannst noch?"

Warum können Beamte nicht tanzen? Weil es keine Band gibt, die so langsam spielen könnte!

Paul zu seiner Frau: „Wieso guckst du eigentlich immer diese Koch-Shows im Fernsehen? Du kannst doch gar nicht kochen!" Darauf sie: „Na und, du guckst doch auch Pornos!"

Eine Frau wird zu Grabe getragen, der Trauerzug ist mehrere Hundert Meter lang. Ein Fremder sieht das und wundert sich über die rege Anteilnahme. Er fragt den Witwer, was denn passiert sei. Dieser erzählt ihm, dass seine Frau von seinem eigenen Hund totgebissen wurde. Der Fremde fragt ihn, ob er ihm vielleicht den Hund verkaufen würde. Darauf antwortet der Witwer: „Sie sehen doch, wo das Ende der Schlange ist."

Der Ehemann kommt früher nach Hause, seine Frau liegt nackt im Bett. Er freut sich und will nur noch rasch ins Bad. Dort trifft er einen nackten Mann. Er fragt empört: „Wer sind Sie denn!" – „Ich bin der Kammerjäger und jage bei Ihnen die Motten!" – „Aber Sie haben gar nichts an!" – „Diese Mistviecher!"

Knapp drei Wochen ist es her, dass die süße Inge geheiratet hat, schon stöhnt sie verzweifelt: „Herrje – hätte ich doch bloß keinen Fußballer ¬geheiratet! Die sind alle gleich: Hinten fummeln sie rum, vorne kriegen sie nichts rein, und wenn sie mal absteigen sollen, dann wehren sie sich mit Händen und Füßen!"

Kule Sprüche

Die drei größten Krisen im Leben eines Mannes: Frau weg- Job weg- Kratzer im Lack!

Eigentlich wollte ich dich ja anbaggern, meinen Bagger habe ich leider vergessen. Meinen Löffel habe ich aber dabei! Darf ich dich auch anlöffeln?

Was ist ca.20 cm lang, steif, hat Haare und am Abend schiebt man es da rein, wo es schön warm und feucht ist? Eine Zahnbürste, du Ferkel!

Hey, wollte mich nur kurz für deinen Schluckauf entschuldigen! Musste den ganzen Tag an dich denken!

Was sind die Idealmaße des Mannes? - 80 - 42 - 60. 80 Jahre alt, 42 Grad Fieber, 60 Millionen auf der Bank.

Fritz fragt den Vater: "Woher kommen die Babys?" Vater: " Die bringt der Storch!" Sohn: "Ja ich weiß aber wer fickt den Storch?"

Jungs haben den kleinsten Garten der Welt. Zwei kleine Kartoffeln, eine Karotte etwas Petersilie und eine Megafreude, wenn eine Schnecke vorbei kommt.

Hopfen und Malz, ab in den Hals.

Ich habe mir einen neuen Wecker gekauft: Willst du ihn morgen früh mal klingeln hören?

Lieber Mond, du hast es gut - bist nur zwölf Mal voll im Jahr - ich hingegen jeden Tag.

Ich bin neu in der Stadt - kannst du mir den Weg zu dir nach Hause zeigen?

Beim Fahren trinkt man keinen Alkohol - ein kleiner Hügel reicht bereits, um alles zu verschütten.

Ich bin vom ADAC und würde dich heute Abend gerne abschleppen.

Frauen sind wie Krawatten: Man wählt sie meistens bei schlechter Beleuchtung, und dann hat man sie am Hals.

Der Unterschied zwischen erotisch und pervers? Erotisch: Eine Frau mit einer Feder zum Orgasmus bringen. Pervers: wenn das Huhn noch dran hängt...

Ich hoffe, du kennst dich mit Wiederbelebungsmaßnahmen aus, denn mir bleibt deinetwegen die Luft weg.

Lust auf Verstecken? Ich versteck mich, du suchst. Wenn du mich findest, machen wir schönen, zärtlichen Sex! Falls du mich nicht finden solltest, ich bin im Schrank...

Nackt vor mir sehe ich dich stehen, will dich lecken, saugen, beißen. Muss die Hüllen von dir reißen. Muss dich haben, machst mich heiß schönes pralles Erdbeereis
Sind deine Eltern Terroristen? - Du bist scharf wie eine Bombe.

Warum können Männer nicht intelligent und gutaussehend gleichzeitig sein? - Dann wären es ja Frauen!

Manchmal läuft der Mensch, oftmals säuft das Pferd - doch es gibt Situationen im Leben, da ist es umgekehrt.

Es gibt Menschen, die sind furchtbar einfach - und andere, die sind einfach furchtbar.

Wer je den Durst mit Bier gelöscht, wird wieder danach streben! Ein guter Trunk ist niemals schlecht, darum wollen wir noch einen heben!

Ich läge jetzt auch lieber am Strand oder auf einer prallen Siebzehnjährigen!

Spinat schmeckt am besten, wenn man ihn kurz vor dem Verzehr durch ein großes Steak ersetzt.

Eine kinderlose Ehe besteht aus Spaßvögeln.

Im Wald da rauscht der Wasserfall, wenn's nicht mehr rauscht is's Wasser all.

Mein ganzes Herz, das schenk' ich Dir. Die Valentinsblumen sind auch von mir.
Es ist nur ein ganz kleiner Gruß. Deshalb send' ich dazu noch 'nen Kuss.

Warum nennen die Wessis die Ossis "Ossis"? - Weil sie das Wort "Spezialisten" nicht aussprechen können.

Reden ist Silber, Ausreden sind Gold.

Es ist bestimmt kein Zufall, dass man als Vogelscheuchen immer nur Männer aufstellt.

Durst wird durch Bier erst schön!

Ach, die paar Schritte kann ich auch fahren.

Ich liebe die Vögel und die Vögel lieben mich. Doch der den ich liebe, der vögelt mich nicht!

Wenn du eine Fliege isst, hast du mehr Gehirn im Bauch als im Kopf.

Warum feiern wir eigentlich Weihnachten? Es kommt doch jeden Tag vor, dass ein Mann geboren wird, der sich später für Gott hält.

Wieso sind die Wessis so klein? - Weil ihre Eltern gesagt haben "Wenn ihr groß seid müsst ihr arbeiten"!